Familias ensambladas

ANDRÉS y HAYDÉE
VERSTRAETEN

Vida®

La misión de Editorial Vida es ser la compañía líder en comunicación cristiana que satisfaga las necesidades de las personas, con recursos cuyo contenido glorifique a Jesucristo y promueva principios bíblicos.

FAMILIAS ENSAMBLADAS
Edición en español publicada por
Editorial Vida – 2011
Miami, Florida

Edición: *Madeline Díaz*
Diseño interior: *Base creativa*
Diseño de cubierta: *Leo Pecina*

ISBN: 978-0-8297-5800-9

CATEGORÍA: Vida cristiana/Familia

11 12 13 ❖ 6 5 4 3 2 1

CONTENIDO

DEDICATORIA

Queremos dedicar este libro a todas aquellas familias ya sean mononucleares (papá o mamá solos con los hijos), ensambladas, divorciadas y separadas que están en la búsqueda de nuevas ideas para mejorar su calidad de vida y llevar adelante su nuevo proyecto familiar.

Lo dedicamos a aquellos que han sido marginados y rechazados simplemente por haber tomado ciertas decisiones personales, y que no han encontrado la aceptación necesaria en su iglesia.

Y personalmente, queremos agradecerle a quien creyó en nosotros, nos animó y tendió los puentes con la editorial, a Junior Zapata.

PRÓLOGO

Familias...

La mayor parte de nuestros recuerdos tristes tiene que ver con la familia, y del mismo modo, la mayoría de los recuerdos lindos tiene que ver con la familia también. Debido al solo hecho de estar compuesta por seres humanos, no existe la familia perfecta. Sin embargo, hay familias más complejas que otras en su forma de relacionarse. Este libro es una gran ayuda para la familia ensamblada, es decir, una familia extendida donde cada miembro de la pareja ha tenido un matrimonio anterior y hay hijos de un lado y del otro. Es muy difícil a veces integrar a cada uno de esos miembros de la familia, y hay que tener en cuenta que todos son parte de la familia, todos existen, y cada uno tiene un grado de autoridad diferente. Tal vez para los propios hijos puede ser muy importante su mamá, pero para los nuevos hermanos esa mamá no es importante, sino la de ellos, que no convive en la misma casa. Los hijos de uno y los de otro...

Andrés, Haydée y su familia nos hacen comprender que la complejidad de la familia ensamblada es mucho mayor. Esto ocurre sencillamente porque hay más personas, conviven padrastros y madrastras con mitos incluidos y más vínculos en acción, y existen herencias y experiencias distintas. Por ejemplo: Se comienza con pérdidas y cambios, se atraviesan distintas etapas del ciclo familiar, los hijos frutos de otra relación se convierten en miembros de esos hogares, y existe un padre biológico en otro lugar o en la memoria.

Así que los autores nos brindan a partir de la experiencia algunos pasos para enriquecer las relaciones en este tipo de vínculos, nos ayudan a nutrir la vida personal, nos dan pautas para alimentar la relación de pareja, crecer y madurar juntos en esta nueva etapa y relación.

Este libro es ideal para leer en familia. Resulta determinante «invertir» y separar tiempo para conversar sobre el funcionamiento del hogar.

Si les llamas experiencias a tus dificultades y recuerdas que cada experiencia te ayuda a madurar, vas a crecer vigoroso y feliz, no importa cuán adversas parezcan las circunstancias.

—Henry Miller

De un modo práctico comenzarás a nutrir la relación con cada integrante de la familia, pasarás tiempo en cada subgrupo o vínculo, y no descuidarás las relaciones con la familia como un todo.

Finalmente, estoy seguro de que lograrán crear un clima familiar agradable para estar juntos y lograr que cada uno se sienta mejor, valorándose mutuamente y buscando realizar actividades en las que se diviertan todos juntos.

La familia puede ser el lugar más lindo de la tierra... o el lugar más tóxico que existe. En la familia uno puede vivir en paz... o vivir las peores pesadillas, acumulado los peores recuerdos.

Estoy seguro de que al leer estas páginas hallarás muchas herramientas de construcción a fin de edificar tu casa, teniendo siempre presente que el cimiento más firme para construir es el amor incondicional.

Y así como la de Andrés y Haydée, tu familia también crecerá, será bendecida y bendecirá a otros.

Bernardo Stamateas

INTRODUCCIÓN

Durante años hemos escuchado que el matrimonio en el pueblo de Dios es para toda la vida. Hemos asistido a la iglesia y nos hemos encontrado con decenas de parejas que frente a los conflictos familiares graves tiene tres opciones: los resuelven y siguen juntos, no los resuelven y siguen juntos, o se separan. Que el conflicto se resuelva es lo ideal, en verdad es la voluntad de Dios. Dios quiere que luches por tu matrimonio y seguramente piensa que no te has equivocado a la hora de elegir a tu cónyuge, ya que si permitió que llegaran al altar, es porque él así lo quiso. Dios lo permitió.

Sin embargo, la realidad de nuestros tiempos muestra que muchos matrimonios se separan por diferentes situaciones, y si bien el número de divorcios ha aumentado considerablemente como destacan Andrés y Haydée en este libro *Familias Ensambladas*, el divorcio no es un invento contemporáneo, sino que existe desde que el hombre es hombre.

De un tiempo a esta parte pareciera ser que la persona que se divorcia de su cónyuge queda excluida de la gracia de Dios o, en el mejor de los casos, sigue perteneciendo al cuerpo de Cristo, pero todos, incluso el divorciado, se siente ciudadano de segunda. Es casi como si Dios permitiera que permaneciera en su reino, pero en un estado de «observación», como quien sufre una enfermedad crónica e incurable y debe concurrir habitualmente al médico para chequear que todo ande bien, abrigando la ilusión de que su médico le diga: «Estás bien, has sido curado», para luego encontrarse con un: «Necesito revisarte dentro de un mes». Así se han sentido las personas divorciadas: controladas y observadas. Pareciera ser que no tienen la oportunidad de volver a equivocarse, pues una nueva equivocación significa una catástrofe. Viven con la espada de Damocles colgando sobre sus cabezas, esperando caer sobre ellos ante cualquier error y no solo acabar con los logros y los buenos momentos, sino destruir la vida misma.

Durante años hemos visto cómo cientos de personas se alejan de Dios, su presencia y la iglesia porque frente a la realidad de un matrimonio arruinado y una consecuente separación, en lugar de recibir los cuidados de los «hermanos» son juzgados y condenados, siendo en muchos casos incluso hasta maldecidos. La maldición es hablar mal de una persona, decirle a alguien que le irá mal.

Como pueblo de Dios, no hemos sido llamados a maldecir a nuestros hermanos. Dios nos llama a edificar, construir, liberar y bendecir, que no es más ni menos que «decir bien» de nuestros hermanos.

Una persona divorciada está herida, su corazón ha sido dañado y necesita ayuda, requiere que alguien la valore y la ame. La principal fuente de autoestima, su cónyuge, se ha ido, así que ha quedado carente de valoración, reconocimiento y validación. Tal vez esta situación se esté dando desde hace mucho tiempo, quizá años, y recién ahora la persona tuvo el valor de separarse y buscar lo que en realidad Dios quiere para su vida, que seguramente no es el maltrato y la humillación.

Este libro te ayudará ha entender lo que muchas de las personas que te rodean y se han divorciado están sintiendo. Te ayudará a comprender lo que viven a diario, sus luchas, sus conflictos, sus necesidades, sus dolores. Dios espera que ames a tus hermanos. La Biblia afirma: «El amor cubrirá multitud de pecados».

Si eres divorciado, tienes en tus manos el principio de tu sanidad. Dios te ama profundamente, no te considera un hijo diferente, manchado por el error. Dios te ama como te amó desde el principio, cuando llamó tu atención y te acercaste a él. Dios sabía que pasarías por esta situación, y ese conocimiento no fue un impedimento para acercarse a ti. Él te ama y siempre tiene una gracia nueva para tu vida. David decía: «Nuevas son las misericordias de Dios cada día». Esto quiere decir que Dios cada día se acerca a nuestra miseria, Dios está dispuesto a buscarnos a diario, a empezar de nuevo.

¡Y este libro es una muestra de la gracia de Dios para tu vida, así que no te lo podes perder!

Lic. Omar A. Hein
Autor de *Sexo Sentido*, Editorial Vida (2011)

CAPÍTULO 1

¿Ensartados o ensamblados?

—Juan, me dijeron que te casaste.

—Sí, sí, me case.

—¿Y que tal eso del matrimonio?

—Pues al principio bien, pero en cuanto sales de la iglesia...

«¿Ella tiene hijos? ¡No sabes en el lío que te estás metiendo!» «Creo que tienes derecho a otra oportunidad».

«¿Estás segura de arriesgarte a una nueva relación? ¡Es muy complicado!»

Escuchamos miles de frases y opiniones con más o menos fundamento. Algunas veces fueron dichas por un amigo, o quizá se las oímos decir a algún profesional dedicado a estudiar las familias y su comportamiento.

La realidad es que cuando uno empieza una experiencia como familia ensamblada, se acaban las palabras y comienzan los hechos.

No queremos que te ensartes, este libro no está escrito por profesionales en sociología, aunque ellos nos inspiraron a conocer más.

Tampoco está escrito por licenciados en sicología, aunque los hemos consultado en nuestras largas y necesarias horas de terapia.

Y si esperabas a grandes líderes espirituales, tampoco te ensartes, solo somos un matrimonio que quiso y quiere seguir asumiendo el liderazgo de su familia de siete integrantes, con hijos cuyas edades fluctúan entre los diez y los veintiún años.

Somos dos personas a las que nos gustan los desafíos y nos pareció muy importante comenzar a hablar más de las familias ensambladas entre la gente que se ha animado a formar este tipo de familias. No como una simple categoría social, ni como una estadística de un censo nacional, sino como una experiencia de vida.

Por eso es que los títulos de los capítulos no son respuestas, sino preguntas.

Por eso es que al final de cada capítulo te proponemos un desafío para que lo vivas a tu manera.

No te ensartes. No somos una línea en una planilla, ni un coeficiente en una tesis. Somos familias que provenimos de un fracaso, sin embargo, no somos fracasados. Somos la clase de gente que cree en la responsabilidad de crear un ambiente familiar cuando a nuestro lado se destruyen.

Deseamos con todo el corazón que si formaste una familia ensamblada puedas encontrar en este libro muchos temas de diálogo para que converses con tu pareja, tus propios hijos y los hijos de tu cónyuge.

Con mucho cariño te animamos:

No te ensartes, ensámblate.

Haydée y Andrés

CAPÍTULO 2

¿Qué es una familia ensamblada?

Un encuestador golpea a la puerta. Abre un niño de doce años y le pregunta:

—¿En qué puedo ayudarlo?

—Estamos haciendo una encuesta familiar en el barrio, ¿podrías responderme una pregunta sencilla?

—Por supuesto.

—¿Como está conformada la familia que vive en esta casa?

—Usted me dijo que iba a ser una pregunta sencilla.

—¿Por qué dices eso?

—Le cuento: Yo vivo con mi papá Héctor y mi media hermana. También vive con nosotros Laura, que es su actual esposa, la cual trabaja durante la semana y viene los fines de semana. En realidad, solo viviré por quince días más aquí, porque esta casa le correspondió a mi mamá después del divorcio y nos vamos a ir a vivir a la casa del padre de la esposa de mi papá. ¿Entendió?

«Alejandro, ayer se me rompió la licuadora y tengo que usarla a fin de preparar la cena para tus amigos, ¿podrías llamar al técnico?», le dijo mi madre a mi hermano mayor.

Como siempre sucede con los encargos dados a un adolescente, se escuchó que respondía: «Sí, ahora lo llamo», mientras continuaba mirando su programa favorito en la televisión.

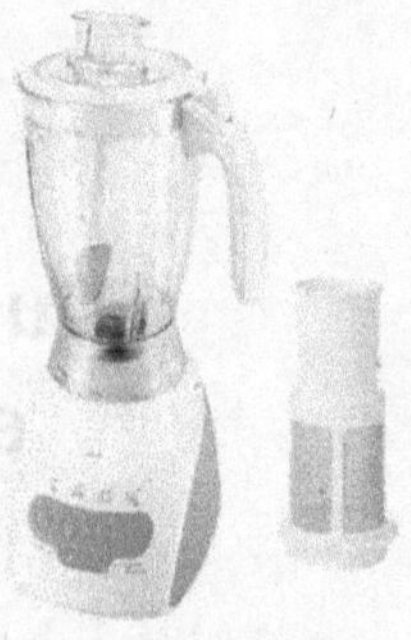

A mí siempre me había gustado saber cómo funcionaban los aparatos domésticos.

Así que, con mis doce adultos años, aproveché el tiempo que tenía disponible debido a la negligencia de mi hermano para llamar al técnico y decidí ahorrarle el dinero del arreglo a mi madre.

Coloqué la licuadora en la mesa de trabajo del taller de papá y me dispuse a repararla. Utilicé varias herramientas: destornilladores, pinzas... y hasta un martillo.

A partir de esa experiencia, pude determinar un par de leyes.

1. Desarmar es muy fácil.
2. Encontrar la falla es más complicado.
3. Arreglarla sin conocimientos es casi imposible.
4. Elegir la herramienta adecuada es primordial.
5. Al ensamblar las piezas del objeto que se repara, siempre sobran algunas.

Es increíble el parecido que hay entre esta experiencia y las relaciones interpersonales:

1. Separarse es muy fácil.
2. Encontrar la causa de la separación es mucho más complicado.
3. Arreglar el problema sin ayuda ni conocimientos es muy difícil.
4. Usar la violencia en vez del diálogo es una muy mala elección.
5. Si se nos ocurre apostarle a una nueva experiencia, nos parece que hay gente que sobra.

Este libro está dedicado a las parejas que quieren apostarle a una nueva relación, aunque tengan hijos.

Y a pesar de que hayan experimentado los cinco puntos anteriores, desean que su licuadora funcione y nadie sienta que sobra.

Por eso vamos a dedicarle un capítulo a comentar algunas definiciones que nos van a ayudar a *ensamblarnos* correctamente.

> *Y sabemos que a los que aman a Dios, todas las cosas les ayudan a bien, esto es, a los que conforme a su propósito son llamados.*
>
> —*Romanos 8:28*

a) Definición de familias ensambladas

Una familia ensamblada es una pareja en la cual al menos uno tiene hijos de una relación anterior.

Ejemplo: Ella con sus dos hijos y él con su hijo

b) Origen del nombre

En inglés, la frase *familias ensambladas* tiene una palabra que la resume: *stepfamily*. Esta palabra consta de dos partes: *«step»* y *«family»*. *Step* tiene dos significados. Uno proviene de *«steop»*, que significa huérfano, desamparado (hay que tener en cuenta que las familias ensambladas pueden tener su origen en la viudez de algún miembro de la pareja) y el otro significa «paso».

Existen muchas otras formas de designar a este tipo de familias:

- Nuevas familias después del divorcio (una definición muy larga).
- Segundas familias (suena a familias de segunda y encima se usa mucho en el ámbito legal debido a lo de «segundas nupcias»).
- Familias reconstituidas (empezamos con el «re»).
- Familias recompuestas (seguimos con el «re», ¿descompuesta?).
- Familia transformada (¿en qué?).
- Familia combinada (crema y chocolate).
- Y por último familias ensambladas.

Más allá de las opiniones personales, nos parece que el tema de los rótulos es algo complejo. Y personalmente creemos que el término *familia ensamblada* es el que mejor comunica el concepto.

Hay familias que se niegan a reconocerse ensambladas.

Ejemplifiquémoslo con esta historia: Una pera y una banana se encuentran. La banana le dice a la pera: «Hola pera, ¿cómo estás?».

La pera le responde: «Yo no soy una pera, no me gusta que me pongas nombre, soy una banana igual que tú. ¿No te das cuenta de que también soy amarilla?»

Cuando una familia ensamblada niega serlo, es igual a cuando la pera niega ser pera. Nunca será una banana por más que se niegue a que le den un nombre. Hay nombres que se utilizan solo para clasificar, los cuales son necesarios para la vivencia diaria. Al hombre se le llama o denomina hombre porque cumple con las características físicas de tal ser, y lo mismo ocurre con la mujer. Un niño lo es por una cuestión de edad, luego será adolescente, joven, adulto y anciano.

Si pretendemos que un niño actúe como adulto, no lograremos buenos resultados. Lo mismo ocurre cuando se espera que una familia ensamblada funcione igual que una familia nuclear.

Por este motivo se «clasifica» a cada familia de acuerdo a su estructura, para obtener el mayor éxito posible.

Si tu hijo o hija adolescente no quiere aceptar que vive en una familia ensamblaba, simplemente te contamos que esto es «normal». Hay chicos que siguen negando la situación por varios años, durante los cuales consideran que no tienen una familia, que su familia se rompió y ahora viven con parte de su familia y extraños.

Si la situación trae demasiados conflictos, te sugerimos consultar con algún especialista. Si no, solo es cuestión de tiempo.

Entendemos que así como una bisagra tiene dos partes que se acoplan y por medio de un eje cumplen su función, dos minifamilias comparten un espacio de convivencia creando ensambles que pueden resultar funcionales. Consideramos que ese eje que une a las minifamilias está conformado por el diálogo, el respeto y el amor. Y pensamos que estas características no tienen un orden específico. Si no hay amor, tampoco diálogo y respeto. Si no hay respeto, tampoco hay diálogo y amor. Y si no hay diálogo, se dificulta el amor y el respeto. Por lo tanto, entendemos que las tres cosas están al mismo nivel y se les debe dar la misma importancia e igual valor.

c) Tipos de familias

Según el Diccionario de la Real Academia Española, la definición de *familia* es: *«Un grupo de personas emparentadas entre sí que viven juntas».*

Sin querer superar los profundos estudios sociológicos que nos enseñan las múltiples formas de estructuras familiares, nosotros reconocemos cuatro estructuras diferentes.

- Familia nuclear: Se constituye a partir de una convivencia, fruto de la cual tienen hijos. O sea, es la típica familia integrada por la mamá, el papá y los hijos.

- Familia binuclear: Cuando hay una separación o divorcio, el núcleo se divide en dos, de ahí el nombre binuclear. Es decir, una familia binuclear es aquella donde el padre y la madre viven en lugares separados, pero con hijos de ambos.

- Familia mononuclear: Incluye los casos de familias que tienen a cargo los hijos sin compartir esta responsabilidad con otra persona. Por ejemplo, las madres solteras, un viudo con hijos, una tía criando a sobrinos sin padres, una abuela con su nieto.

- Familias ensambladas: Es la formada por una pareja en la que al menos uno tiene hijos de una relación anterior.

Veamos algunos modelos típicos. He aquí una primera opción:

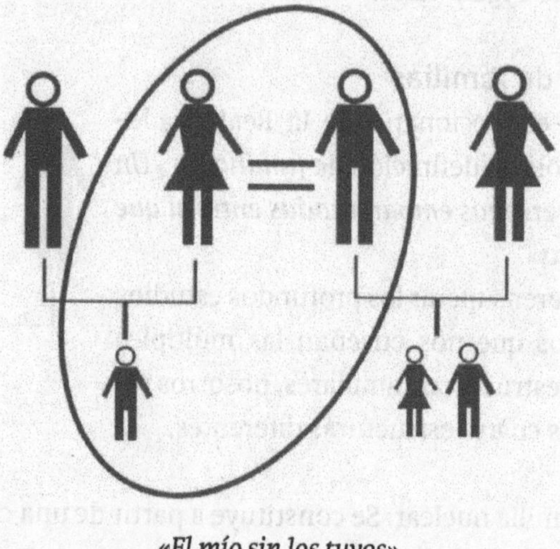

«El mío sin los tuyos»

Otra opción:

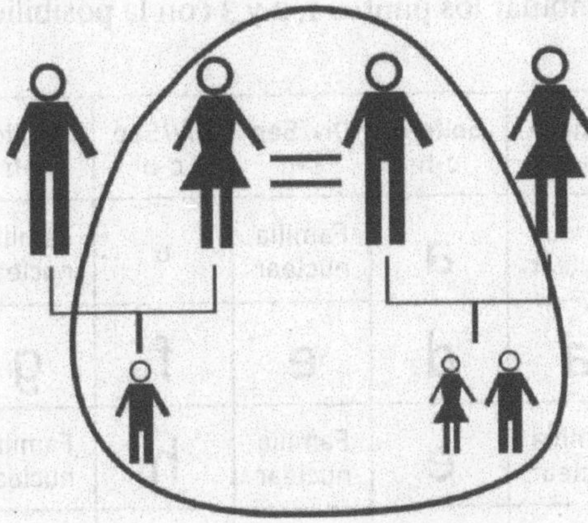

«Los tuyos y los míos»

Y la más compleja de todas es:

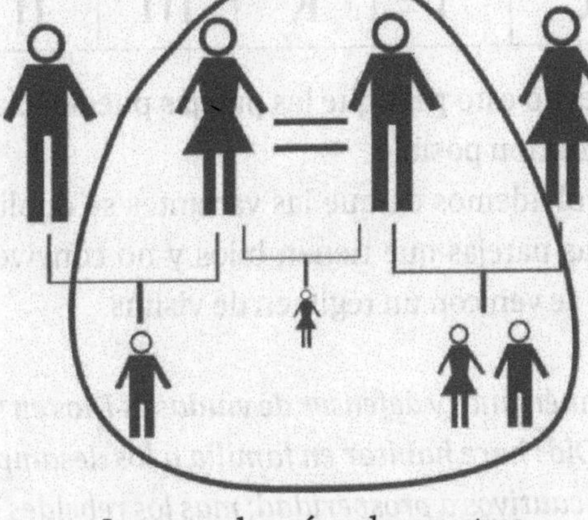

«Los tuyos, los míos y los nuestros»

Esta clasificación nos sugiere que las familias ensambladas pueden estar formadas por:

1. Solteros
2. Divorciados o separados
3. Viudos

En el siguiente cuadro elaboramos quince probabilidades que existen al combinar los puntos 1, 2 y 3 con la posibilidad de tener hijos o no.

	Soltero s-h	Soltero c-h	Div/Sep s-h	Div/Sep c-h	Viudo s-h	Viudo c-h
Soltero s-h	Familia nuclear	a	Familia nuclear	b	Familia nuclear	c
Soltero c-h	a	d	e	f	g	i
Div/Sep s-h	Familia nuclear	e	Familia nuclear	h	Familia nuclear	k
Div/Sep c-h	b	f	h	j	l	m
Viudo s-h	Familia nuclear	g	Familia nuclear	l	Familia nuclear	n
Viudo c-h	c	i	k	m	n	p

Hemos hecho esto para que las parejas puedan clasificarse en alguna combinación posible.

Y no nos olvidemos de que las variantes se duplican cuando incluimos a las parejas que tienen hijos y no conviven todos los días, sino que se ven con un régimen de visitas.

> *Padre de huérfanos y defensor de viudas es Dios en su santa morada. Dios hace habitar en familia a los desamparados; saca a los cautivos a prosperidad; mas los rebeldes habitan en tierra seca.*
>
> —*Salmo 68:5-6*

d) Puntos de vista

Antes de pormenorizar los dos puntos de vista para analizar a la familia ensamblada, veamos estos cuatro puntos de vista sobre el matrimonio.

Punto de vista de un abogado penalista: «Es la única sentencia a cadena perpetua que se termina por mala conducta».

Punto de vista filosófico: «Una situación en la que ninguna mujer obtiene lo que esperaba y ningún hombre espera lo que obtiene».

Punto de vista matemático: «Es una suma de afectos, después una resta de libertades, a lo que le sigue una multiplicación de responsabilidades y por último puede llegar a una división de bienes».

Punto de vista de un médico nutricionista: «Es la forma más efectiva y rápida de engordar».

Ahora sí podremos entender también a las familias ensambladas bajo dos lentes diferentes:

1. Un punto de vista habitacional y temporal

Algunos autores ven a la familia ensamblada como un grupo de personas que conviven bajo un mismo techo la mayoría del tiempo.

Se basan más en el concepto del lugar y la cantidad de tiempo transcurrido en común que en el hecho de que una pareja tenga hijos de una relación anterior.

Es decir, dejan fuera el caso de una pareja en que él es divorciado con hijos, ella es soltera, y los hijos de él los visitan cada quince días.

Nosotros creemos que este último caso también está incluido en el concepto de familia ensamblada.

Conocemos el caso de Julián, que tiene tres hijos que viven con su madre.

Estos tres hijos visitan la casa de su padre y su nueva pareja todos los fines de semana sin mayores contratiempos.

Uno de ellos tenía actitudes que provocaban discusiones importantes con su madre y le pidió al padre irse a vivir un tiempo con él.

La primer semana el hijo siguió teniendo las mismas actitudes, pero en la casa de su padre. La nueva esposa no pudo tolerar esta convivencia y al final le planteó a Julián: «O tu hijo o yo». Aunque él intentó explicarle que la situación era por un tiempo corto y se iba a resolver, no hubo forma de ponerse de acuerdo, así que el hijo volvió con su madre.

Creemos que la pareja de Julián podría haber soportado mejor la situación si hubiera utilizado las herramientas de convivencia que tenemos las familias ensambladas.

2. Un punto de vista de parentesco

Este punto de vista se basa en cómo arman las relaciones los niños.

El niño tiene un papá con su pareja, tiene a su mamá con su esposo y a sus hermanos. Entonces aparecen abuelos nuevos, tíos y tías que no se conocían, etc. Tal cosa genera una serie de relaciones que se cruzan unas con otras.

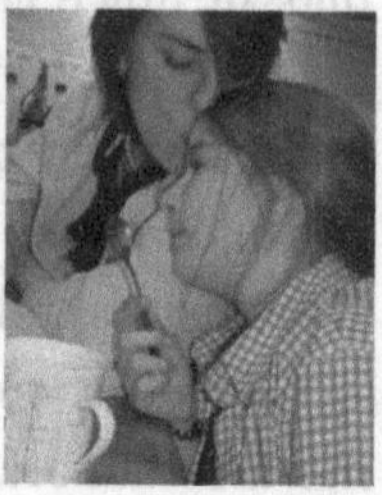

Este concepto es más vivencial. Tiene en cuenta las relaciones y no la ubicación temporal.

El peor error que una familia ensamblada puede cometer es el de querer funcionar como una familia nuclear en vez de enfocarse en proveer amor, cuidado, alimento y educación a los que la integran.

CONCLUSIÓN

Todos merecemos una segunda oportunidad. Nadie nació sabiendo cómo formar una familia, y mucho menos una familia ensamblada.

No podemos cambiar la fuerza del viento, pero es posible direccionar nuestras velas. Quizás te digan que vas a fracasar o que no vale la pena intentarlo, pero nosotros te aseguramos que continúas teniendo el control de las velas.

No permitas que una crisis defina tu futuro, no dejes que las aguas turbulentas te asusten. Queremos enseñarte a conocer tus velas y cómo dirigirlas a fin de que llegues a buen puerto.

DESAFÍO

Pídeles a los integrantes de tu familia ensamblada que escriban en un papel las respuestas a las siguientes preguntas y las lean en algún momento en que los puedas reunir a todos.

1. Yo nunca les conté que a mí me gusta...
2. ¿Cuál es el aspecto positivo de estar juntos?
3. ¿Qué es lo que me gustaría que cambiara?
4. ¿Cuáles modificaciones ha producido esta nueva familia?

Te animamos a que organices una charla informal con todos los integrantes de tu familia. También te sugerimos que trates que la misma tenga algo especial, como el lugar donde se realice o una comida que compartan.

El diálogo es la base del éxito en nuestro proyecto de familia.

Así que, según tengamos oportunidad, hagamos el bien a todos.

—Gálatas 6:10

CAPÍTULO 3

¿Es la familia ensamblada un invento nuevo?

—Papá, ¿es verdad que en muchos países de África un hombre no conoce a su mujer hasta que se casa?

—Eso sucede en todos lados, hijo.

Como antes los matrimonios se separaban mucho menos que en la actualidad, existe la creencia de que ensamblarse es una problemática actual.

Esto es totalmente falso.

En este capítulo haremos un repaso de la historia del divorcio y la familia ensamblada, los cuales existen desde hace muchos años.

a) ¿Sabías que...?

¿Sabías que en Babilonia, si el hombre adulteraba podía pedir el divorcio, pero si la mujer resultaba ser la adúltera era condenada a muerte?

La sociedad babilónica se regía por el Código de Hammurabi. En el año 1700 a. C., el rey Hammurabi vio que cualquiera imponía reglas a su conveniencia, de modo que escribió lo que vendría a ser el primer libro de leyes conocido. En él se encontraba la ley del Talión, ojo por ojo y diente por diente, y era muy estricto.

Sin embargo, había algo que llamaba la atención, aunque reconocía los mismos derechos para el hombre y la mujer, en un punto existía una diferencia. El divorcio lo podía pedir cualquiera de los dos, pero el resultado para la mujer era trágico.

¿Sabías que los celtas tenían un sistema matrimonial solo por un tiempo determinado y que el mal aliento era causa de divorcio?

Los celtas tenían costumbres muy interesantes en cuanto al matrimonio.

A los doce años para la mujer y a los catorce para el hombre ya se les consideraba mayores de edad (podían comprar bienes, mantenerse solos y casarse). La mujer era la que elegía al hombre y pedía su mano mediante un rito con una fuente de agua. El adulterio no era castigado. Solo era causa de divorcio.

En épocas de festividades druídicas, se podía contraer matrimonio con más de una mujer durante un tiempo determinado. Pasadas las fiestas el matrimonio se terminaba.

Las causas de divorcio eran muy diversas: injurias, maltrato o simplemente mal aliento.

A pesar de esta forma tan rara de contraer matrimonio, se les atribuye a los celtas la creación de la «luna de miel».

Los recién casados entre los celtas de Gales, según cuenta la leyenda, se retiraban unos días a ver la luna mientras comían dulces de frutas e hidromiel como un acto ritual.

¿Sabías que los aztecas podían tener concubinas siempre y cuando se comprometieran a mantenerlas económicamente?

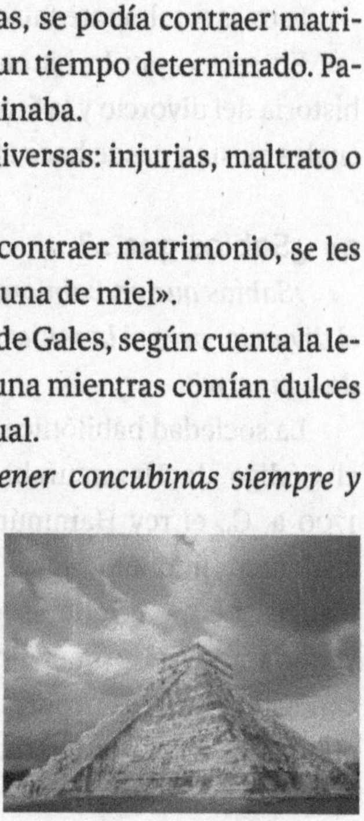

Los aztecas tenían una sola esposa llamada cihuatlantli. También podían tener concubinas siempre y cuando demostraran que su condición económica era la necesaria como para que no les faltara nada. Los divorcios eran posibles solo por sentencia judicial.

¿Sabías que los hebreos podían divorciarse si la vecina era más agradable que su propia mujer?

Los hebreos tenían dos líneas rabínicas muy distantes en cuanto a sus prácticas. Estaba la línea del rabino Sammay, que era muy estricta. El divorcio para ellos solo podía llevarse a cabo por causa de adulterio. Después estaba la línea de Hillel, que era totalmente elástica en cuanto a su interpretación. Él decía que el versículo de Deuteronomio 24:1, que dice: «Cuando alguno tomare mujer y se casare con ella, si no le agradare por haber hallado en ella alguna cosa indecente, le escribirá carta de divorcio», se podía interpretar en un sentido más amplio. O sea, que si la mujer le ponía más sal a la comida, era alborotadora o pendenciera, o la vecina hallaba más gracia ante los ojos del marido, ya eso era motivo de divorcio.

¿Sabías que los griegos consideraban que estar casado no era motivo para no frecuentar prostitutas y tener concubinas?

Dentro del sistema familiar de los griegos, era una práctica normal que un varón casado tuviera relaciones con prostitutas (por placer), con concubinas (de forma diaria) y con su esposa (solo para tener hijos). Existía el divorcio por mutuo acuerdo, y si era el hombre el que lo pedía, debía devolver la dote que había recibido al casarse. El concepto de fidelidad en el matrimonio no existía.

¿Sabías que algunas mujeres romanas se divorciaban cuando querían y se volvían a casar?

En esta cultura, las hijas de los hombres muy acaudalados podían divorciarse con facilidad de su marido y elegir otro rápidamente sin muchos trámites. Los historiadores reconocen un caso de una mujer que en cinco años se casó ocho veces.

¿Sabías que recién en el año 1563 de la era cristiana se legisló sobre el divorcio?

Antes de este año los casos se dirimían en tribunales eclesiásticos, pero ese año entró en vigencia el Concilio de Trento, que impuso el carácter de indivisibilidad del matrimonio, aunque admitía la separación de los cuerpos. Más tarde la reforma de Lutero admitió el divorcio solo para casos de extrema gravedad.

¿Sabías que los siglos diecisiete y dieciocho las familias se conformaban con niños de dos o tres familias diferentes?

En esa época el divorcio no era la causa de tanta familia ensamblada, sino la muerte. La expectativa de vida era muy baja y resultaba muy común que los niños se quedaran huérfanos.

En Francia la mitad de los niños eran criados por un padre o madre afín. La causa de ello era la influencia de la peste como causa de viudez temprana y las guerras.

Es más, en la Edad Media la iglesia incentivaba a los viudos para que se volvieran a casar a fin de que no cayeran en tentación y pecaran.

Todos estos datos lo hemos recopilado para darnos un correcto marco donde leer sobre el tema de la familia ensamblada.

Es imposible negar que en el transcurso de la historia la conformación de la familia ha variado de muchas formas. Tendemos a ver la situación que nos rodea con un lente de corta distancia. Sin embargo, nos haría bien extender nuestra visión para saber cómo se comportó el hombre en diferentes etapas del tiempo y a su vez también cómo se comporta hoy en diferentes culturas.

Si en la actualidad habláramos de una pareja en la que el padre del novio eligió a una chica de *su* agrado para el hijo, lo veríamos como un fracaso absoluto. No obstante, esta práctica «funcionó» durante muchos siglos.

O también si planteáramos que el amor entre dos personas no es necesario para nada al momento de formar una familia, lo consideraríamos antinatural. Con todo, esta postura fue la habitual durante varios siglos y a nadie le parecía mal.

Es necesario dejar caer la venda de la familia «normal» para pensar en una familia «sana».

La normalidad es un término excluyente. Si alguien no es normal según yo creo que hay que serlo, no pertenece a mi entorno.

La frase: «Lo primero es la familia» encerró durante muchos años toda clase de errores, desconocimientos, infidelidades, abusos, etc.

La mujer no tenía ninguna posibilidad de opinar en contra del marido. Su bienestar económico dependía de lo que el marido le proporcionara. Sus amigas eran las esposas de los amigos de su cónyuge. Su ocupación básica era criar a los hijos y atender a su esposo, dejando cualquier otra actividad relegada a su imaginación.

Hoy la mujer vuelve a tomar un lugar al lado del hombre. Puede decidir, trabajar, devengar dinero y mantenerse. Es posible que tenga un grupo de amigos diferentes a los de su pareja, pues ya no existe un impedimento social. Y las actividades pasaron a ser una elección, no una fantasía.

Nos gusta más hablar de familias sanas, en las que hay discusiones, pero existe el diálogo; en las que encontramos puntos de vista totalmente opuestos, pero con respeto. Familias en las que se puede discutir sin llegar a pelear. En las que el enojo es tan respetado como la alegría ajena. En donde se puede ser uno mismo. Y por sobre todas las cosas, recibir el afecto, el calor, la atención, el abrigo, la educación, el alimento y el cariño que todos necesitamos, mucho más allá de quiénes son las personas que la componen.

b) ¿Existían familias ensambladas en la Biblia?

Debido a que Haydée y yo provenimos de un entorno en el que la vida espiritual de las personas es muy importante, también estuvimos repasando las Sagradas Escrituras para ver si se hacía mención del tema, y encontramos lo siguiente:

Es importante tener en cuenta que en la Biblia no encontramos experiencias sobre la convivencia de una familia ensamblada formada por una persona divorciada con hijos, aunque sabemos que esto ocurría (Deuteronomio 24:2). La práctica habitual en el Antiguo Testamento era la poligamia. Tal cosa generaba diferentes conflictos entre hermanos afines (hermanastros).

Conocemos un solo caso específico de una pareja formada por un viudo con hijos que se volvió a casar, como veremos más adelante.

Ya en Génesis 4:19 aparece Lamec rompiendo con el concepto de monogamia y teniendo dos esposas e hijos con ambas, los cuales tenían diversas virtudes y se les consideraba influyentes en la ganadería, la música y la artesanía.

En Génesis 20:12, Abraham nos cuenta un detalle de su vida que siempre consideramos como una mentira. Dado que Sara era una mujer muy bella, Abraham había convenido con ella en que cada vez que llegaran a una ciudad, Sara dijera que era su hermana y no su esposa, con el propósito de evitar que lo mataran para quedarse con su mujer.

Es cierto que afirmar que no era su esposa significaba decir una mentira, pero indicar que Sara era su hermana no lo era. Ambos tenían un mismo padre y diferente madre. O sea, eran medios hermanos entre sí, lo que llamamos hermanos afines.

Posteriormente, Abraham tiene que lidiar con los sentimientos encontrados entre sus hijos, que son hermanos afines. Él llegó hasta el punto de tener que echar a uno de la casa junto a su madre por los problemas entre su esposa y su concubina. Y Dios les dio a los dos una gran descendencia. No protegió solo al hijo «normal». Ambos sepultaron a su padre (Génesis 25:9).

Abraham quedó viudo de Sara y posteriormente se casó con Cetura (Génesis 25:1), con la que tuvo seis hijos más, entre ellos a Madián. Este es el único caso en que encontramos a una familia ensamblada típica. Un padre viudo con hijos se casa y vuelve a tener descendencia. La familia queda conformada por Abraham, sus hijos anteriores, su nueva esposa, y los hijos que tuvo fruto de este nuevo matrimonio.

Las famosas doce tribus de Israel estuvieron integradas por los hijos de Jacob. Jacob tuvo hijos con Lea. Sin embargo, como su otra esposa, Raquel, no podía tener hijos, le entregó a su criada Bilha, con la que también tuvo descendencia. Después Lea no pudo tener más niños y le dio a su criada Zilpa, teniendo con ella otros hijos. Por fin Raquel pudo engendrar y nació José y Benjamín, los cuales contaban con muchos hermanos afines. Y así Dios organizó a todo su pueblo en doce tribus que estaban integradas por hermanos de distintas madres. Ellos tenían un padre en común, pero genes de madres diferentes. Y la diferencia no era solo en el ADN, sino también a nivel social (esposas y criadas o concubinas). A todos ellos les fue dada la tierra prometida. A una gran familia ensamblada.

En Deuteronomio 24:1 encontramos el famoso pasaje sobre el divorcio. Sin entrar a polemizar sobre el tema del divorcio, vemos que al menos en esa época se admitían de forma muy clara las familias ensambladas. Es decir, una mujer que estaba casada y podía haber tenido hijos se encontraba a merced del descubrimiento de su marido de «alguna cosa indecente» para que se le concediera el divorcio. Es cierto que había una línea farisaica que determinaba que haber encontrado alguna cosa indecente era lo mismo que «no haber hallado gracia ante sus ojos». El rabino Hillel y sus entusiasmados discípulos opinaban que un hombre podía darle una carta de divorcio a su mujer por solo «haber hallado más gracia en los ojos de su vecina que en los de su esposa».

También es importante notar que existía una prohibición de volver con el primer marido luego de haberse casado con otro después del divorcio. O sea, que las familias formadas por una mujer divorciada vuelta a casar eran algo legislado y conocido.

Alguna vez nos hemos entristecido con la historia de la hija de Jefté el galaadita, el caudillo de Israel que promete ofrecerle a Dios a la primera persona que salga de su casa si ganaba una batalla. Sin embargo, la primera en salir fue su propia hija. Jefté era hijo de Galaad. Él lo había tenido con una ramera y después la esposa le había dado más hijos. Todos convivían en el mismo hogar hasta que los hijos legítimos, al hacerse más grandes, lo echaron de la casa porque no querían compartir la herencia con un hermano afín.

Dos hijos de David se enfrentan a muerte debido a que un hermano viola a su hermana afín. El hijo primogénito, Amnón, cuya madre era Abigail, se enamora de la hermana de su medio hermano Absalón, Tamar, estos últimos hijos ambos de Maaca, princesa de Gesur. La madre de Amnón era judía y la madre de Tamar una princesa siria.

No obstante, quizá el caso más sorprendente de un suceso típico de una familia ensamblada en la Biblia lo encontramos cuando una pareja va a cierta reunión en familia: el papá, la mamá y el hijo. Ellos formaban parte de un montón de familias que se reunieron para festejar una fiesta sagrada.

Así que llegan a la iglesia y hay una muchedumbre participando de la celebración. Al terminar la fiesta, los padres inician el viaje de regreso con todo el grupo a su pueblo. En el camino se dan cuenta de que el hijo no está con ellos y vuelven a buscarlo.

Al regresar al templo lo encuentran y la madre le dice: «Tu padre y yo te hemos buscado con angustia». Jesús les responde: «¿Por qué me buscabais? ¿No sabíais que en los negocios de mi Padre me es necesario estar?» (Lucas 2:48-49).

No sabemos si María era la que ponía los límites en la casa o si José era más callado, lo que sí sabemos es que un padre (José) tuvo que escuchar que su hijo consideraba más importante y necesario la atención de su Padre como para ni siquiera avisar dónde estaba. Habrá sido duro para José, pues él amaba a Jesús como a un hijo, sin embargo, ambos sabían que era el Hijo de Dios.

Los que vivimos la experiencia de ser una familia ensamblada sabemos lo que se siente cuando uno le pone un límite a un hijo afín y la respuesta que recibe con la mirada (o por medio de una frase explícita) es: «Tú no eres mi papá».

c) ¿Por qué antes no se separaban tanto?

En la antigüedad era una costumbre muy habitual tener muchos hijos. Esto se debía a que la muerte infantil era algo muy común, así que de una descendencia de diez o doce hijos sobrevivía solo la mitad o menos. Esta práctica de tener muchos hijos también tenía que tomar en cuenta el tiempo en el que la esposa podía procrear, o sea, era fértil.

Imaginemos a una pareja que se casan ambos a los veinticinco y tienen hijos a partir de los veintisiete o veintiocho años de ella. Hasta los treinta y cinco o treinta y siete no hay problemas, pero llegando a los cuarenta años pueden surgir inconvenientes.

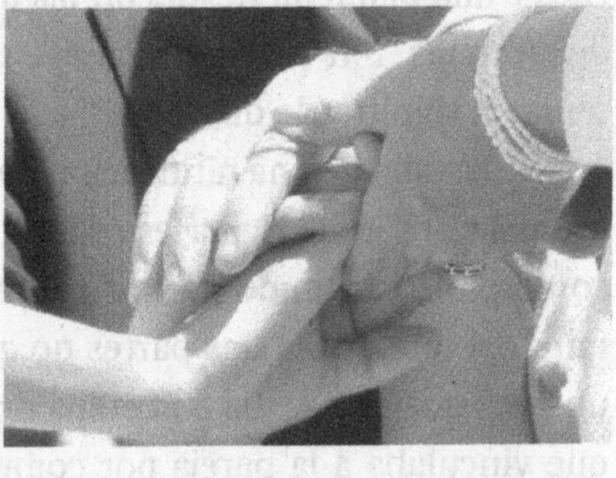

De modo que lo que decidieron las familias de la antigüedad fue casar a jóvenes u hombres con niñas. Por eso los casamientos se arreglaban entre los padres. Las niñas se daban en casamiento a los nueve o doce años, y cuando crecían un poco, se iban con el esposo con el objetivo de procrear. Y si era posible tener muchos hijos.

Esta costumbre, que duró muchos siglos, no incluía el amor de pareja como lo vemos hoy, ni el enamoramiento.

En realidad, la mujer cumplía un rol procreador y después era considerada como un objeto.

En la época de Jesús los judíos atravesaban tres etapas para llegar al matrimonio.

1. Compromiso

El matrimonio era algo demasiado importante para dejarlo relegado a los dictámenes del corazón. Es por eso que los padres escogían la esposa para su hijo, eligiendo a alguna niña del lugar o de alguna familia que conocieran con la que arreglaban algún acuerdo sobre la dote. Era normal que la pareja nunca se hubiera conocido en persona. Esta tarea era realizada por los padres o algún casamentero profesional, que era una persona que se dedicaba exclusivamente a estos menesteres.

2. Desposorio

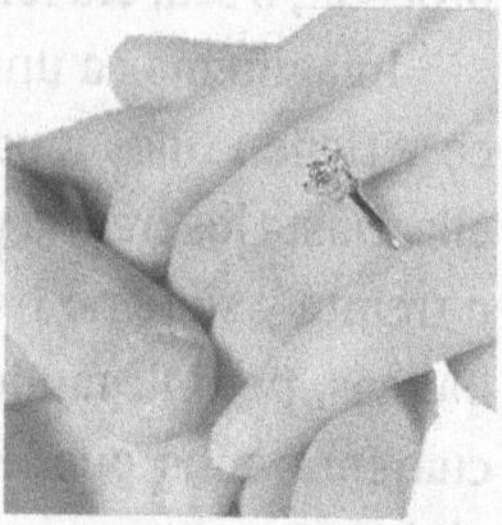

Es lo que en nuestra época definimos como comprometerse. Regalarse un anillo. Hacer una pequeña fiesta con las amistades íntimas. Sin embargo, en ese tiempo tenía un significado diferente.

Se trataba de una ratificación del compromiso anterior. Hasta ese momento el compromiso asumido por los padres o el casamentero podía terminar si una de las dos partes no quería continuar. No obstante, una vez que se llegaba a la etapa del desposorio, se daba un paso que vinculaba a la pareja por completo. Tal cosa significaba que una separación se obtenía únicamente con un divorcio. Esta relación duraba un año. Ya eran esposo y esposa, aunque no llevaban vida marital. Esto hacía que tuviera sentido una frase extraña. Una joven cuyo esposo había muerto durante ese año de desposorio se convertía en «una viuda que era virgen».

Esta era la etapa en la que se encontraba José (desposado de María) cuando se le apareció el ángel. Él se hubiera divorciado en secreto, para no avergonzarla en público, dado que «supuestamente» ella había roto el pacto del desposorio.

3. Matrimonio

Al año de estar desposados por fin ya eran marido y mujer como lo entendemos hoy en día.

Haber conocido estas costumbres nos llevó a transportarnos por un momento a esa época:

Zacarías tiene seis años, su padre Pedro y su madre Radai contratan por una importante suma de dinero al casamentero Abías. Ellos se reúnen para hablar sobre el perfil de la niña que desean que se busque. Al tiempo, Abías les trae varias propuestas, las discuten y elijen a una muchacha. Luego van a hablar con el padre de la niña, pero no llegan a un acuerdo. Entonces van repitiendo el proceso hasta que consiguen a una pareja para su hijo. A medida que ambos crecen, las familias se relacionan y se preguntan la una a la otra sobre el estado de los niños.

Cuando llega el tiempo de la adolescencia, los padres arreglan la fecha para el compromiso. Hay una gran fiesta familiar. El año del desposorio transcurre con algunos problemas entre las familias, pero al final se consiguen solucionar. Llega el matrimonio. Se celebra otra fiesta familiar. Entonces ocurre que al año y medio de casados tiene lugar una desavenencia irreconciliable en la pareja. ¿Se imaginan que después de más de doce años de mantener los vínculos familiares se plantee que no quieren estar más juntos?

Tengamos en cuenta que los problemas del corazón no existían, dado que nunca habían sido tenidos en cuenta para formar ese matrimonio.

La voluntad de separarse era solo del hombre. La mujer únicamente obedecía o era apedreada. Esto sucedía en la mayoría de las civilizaciones.

En la edad media, la familia era también una entidad que se establecía a fin de tener hijos que colaboraran con las labores familiares, ya fuera que se tratara de la agricultura, la ganadería o cualquier otra cosa.

Recién en la Revolución Industrial del siglo dieciocho y mitad del siglo diecinueve comienzan a aparecer cambios en las estructuras familiares.

Las familias dejan el campo en pos de un trabajo en la ciudad. Las labores familiares se transforman en un empleo en una fábrica. Ya no son necesarios los hijos para la industria familiar, sino que digamos que pasan a ser una molestia para el trabajador asalariado.

Las guerras y los millones de viudas generan una fuerza laboral femenina que nunca se había experimentado.

Los derechos y obligaciones de las parejas se igualan mucho. La mujer pasa de ser la que tiene el rol de engendrar a tener el rol de mantener o al menos colaborar en el sostenimiento económico del hogar.

Ya no existe una subordinación de la mujer al hombre, sino que juntos deben trabajar para sobrevivir las etapas difíciles por las que atraviesa la sociedad.

CONCLUSIÓN

¿Sabías que podemos dejarles un legado muy importante a las futuras generaciones? ¿Sabías que nos están mirando y tienen miedo de fracasar como nos ha sucedido a algunos de nosotros?

El mejor legado que le podemos dejar es que vean una relación de pareja sana, feliz, que seamos personas que posean las herramientas necesarias para resolver los problemas. Es muy probable que de esa manera pierdan el miedo al fracaso.

DESAFÍO

Agrégale a estos datos los que puedan aportar tus familiares o amigos.

Anímate a contar lo que aprendiste y verás lo interesantes que pueden ser las reacciones de los demás cuando lo plantees. No te quedes con una sola opinión, sigue buscando y preguntando.

Y serán benditas en ti todas las familias de la tierra.
—Génesis 12:3

CAPÍTULO 4

¿Estoy listo para empezar una nueva relación?

Un hombre no está completo hasta que se casa, después está terminado.

Cuando nos preguntamos si estamos listos para comenzar una nueva relación, lo hacemos con el fin de poder clarificar algunos problemas básicos en la constitución de la nueva familia.

Reconocemos que salvo en el caso de la viudez, tanto la madre soltera como las personas separadas o divorciadas venimos de experimentar un fracaso en la formación de una familia. No obstante, es muy bueno reconocer esto sin culpas, con una visión realista.

Todos los seres humanos fracasamos en algo. Y una vez que lo hacemos, decimos: «Ahora ya aprendí qué es lo que NO debo hacer».

Lo que hemos notado, sin embargo, es que en el caso del matrimonio muy pocas veces aprendemos «lo que no se debe hacer».

Algunos afirman: «Lo que no se debe hacer es volverse a casar», pero no lo cumplen.

Es por eso que hacemos un énfasis especial en tener claro qué es un proceso de separación, los sentimientos que involucra y cómo deberíamos cerrar ese período antes de comenzar otro.

Y para aquellos que se den cuenta de que no han finalizado el período de la separación y ya están con una nueva pareja, explicaremos cómo trabajar para sanar las relaciones.

Así que veamos de forma sintetizada qué es lo que ocurre durante un proceso de separación.

a) Proceso de separación

Divorcio emocional:

La pareja comienza a tener conflictos que no se resuelven. Esos conflictos lentamente van matando el amor. En muchos casos nos han planteado que la promesa de que hasta que la muerte nos separe se rompe en este punto. Se vive una muerte real del compromiso debido a infidelidades, maltratos, abusos y otras muchas causas diferentes.

Divorcio físico:

Esto produce un impacto cuando el uno se ve sin el otro, se deshacen los planes trazados en un momento de amor, existe una separación de los hijos, una mudanza a otra casa y otro ritmo de vida. Algunos buscan inconscientemente a un tercero. Se calcula que en el setenta y cinco por ciento de las separaciones hubo un tercero en el medio.

Período de adaptación:

Es un período de adaptación a una nueva realidad y un nuevo ritmo social. El duelo puede ser elaborado o no elaborado. Es no elaborado cuando uno de los dos, a pesar de las negativas de su compañero de rehacer la pareja, continúa insistiendo durante años o es sumamente negativo, apareciendo las hostilidades y broncas no resueltas. En este período se comienzan a tomar decisiones.

Crecimiento:

Es cuando la persona aprende de lo sucedido, capitaliza la experiencia matrimonial para crecer y madurar, no para atormentarse.

Aunque cada separación es distinta a otra, se debe ir paso a paso y nunca decidir sobre la base del dolor y la angustia. Hay cosas nuevas que van a nacer.

Ahora la persona está «sin pareja» y se debe descubrir esa nueva identidad. Es importante tener en claro en esta etapa que en realidad no somos «solteros», ya que por lo general han quedado hijos de la relación y se debe asumir la responsabilidad por ellos.

Un divorcio o separación nos cambia definitivamente. Nunca más vamos a ser las mismas personas que éramos antes de la separación ni las mismas que éramos antes de esa relación.

Toda experiencia vivida nos marca y transforma, del mismo modo que una mariposa nunca podrá volver a ser un gusano. Para que una relación nueva tenga éxito, debo haber terminado las tres primeras etapas.

b) El divorcio

No es la intención de este libro iniciar un juicio sobre el tema del divorcio, dado que es algo demasiado extenso y su discusión ha traído mucha más división y peleas que acuerdos.

> *Pero evita las cuestiones necias, y genealogías, y contenciones, y discusiones acerca de la ley; porque son vanas y sin provecho.*
>
> —Tito 3:9

Como estamos tratando con personas que ya han tomado esta decisión, debemos comprenderlas. Y dedicado a ellos, a los que tomaron esta decisión, es que queremos compartir lo que nosotros pensamos y sentimos.

Les cuento mi historia personal. Luego de muchos años (casi doce) de intentarlo todo —oración, ayuno, charlas personales, charlas con amigos, consejería pastoral (con varios pastores), psicólogos— y de acatar todos los consejos sin resultados favorables duraderos, tomé una decisión personal, la decisión de separarme.

En mi época de soltera, me vi muy influenciada por los consejos eclesiásticos, fui bastante ingenua, pero no puedo acusar a nadie, ya que siempre tomé las decisiones por mi cuenta. Cuando llegué al punto de pensar en una separación, no dejé que nadie influyera en mi decisión. Esta vez la resolución debía ser solo mía, pues no quería que nadie se involucrara y luego se sintiera responsable de mis actos. Solo yo soy responsable de mis elecciones.

Asistía a una iglesia donde las mujeres tienen que estar sujetas y ser sumisas, donde la última palabra siempre la tiene el marido salvo raras excepciones, pero yo no era la excepción en esta oportunidad.

Luego de separarme, los pastores de la iglesia me citaron. Eran seis pastores, el padre de mis hijas y yo. No hay pastoras en esta iglesia y tampoco se presentó ninguna esposa de pastor, a pesar de los llamados y pedidos previos.

Ellos decían que había tomado la peor decisión de mi vida, pronunciando palabras muy negativas acerca de tiempos terribles para mis hijas y para mí si no declinaba mi resolución. Respeté su postura con respecto a mi decisión, pero luego cancelé en el nombre del Señor todas las palabras negativas que dijeron sobre mis hijas y sobre mí. Esta decisión la había meditado por mucho tiempo. Así que no cambié de parecer.

El primer tiempo fue terrible, la relación con el padre de mis hijas era muy inestable. Todos sufríamos mucho. Sin embargo, había una fuerza interior que me mantenía. Yo oraba y sentía el cuidado y la protección de Dios. Fueron pasando los meses y un día tuve una charla con una pastora de otra iglesia. Ella me dio un sabio consejo que tomé y funcionó. Me dijo: «¡Cada vez que la relación con el papá de tus hijas se desequilibre, bendícelo! Y al bendecirlo te vas a posicionar espiritualmente en otro lugar, desde el cual vas a sentirte mejor poco a poco».

Así lo hice. Las primeras veces lloraba, golpeaba la cama con dolor, pero poco a poco la situación fue cambiando. Actualmente tengo una excelente relación con el papá de mis hijas. Logramos mantener una relación equilibrada.

Tiempo después, comencé a relacionarme con Andrés, mi actual esposo. Al principio fue por trabajo, luego comenzaron los correos electrónicos personales y la relación poco a poco fue creciendo y tornándose diferente.

Hasta que un día me di cuenta de que me había enamorado de ese hombre. Y cuando tomé conciencia de ello, me pasé una semana con sentimientos totalmente encontrados. Estructuras mentales, mandatos familiares, cariño, culpa, soledad, un futuro incierto... todo esto formaba una mezcla que me impedía casi respirar.

Gracias a Dios, en ese tiempo había venido un matrimonio amigo de visita a Buenos Aires. Eran los únicos a los que me animaba a contarles lo que me sucedía.

Coordiné con ellos una visita y les abrí mi corazón por completo. Ellos supieron comprenderme sin condenarme. No avalaron mis sentimientos, simplemente me escucharon sin excluirme. Oraron para que tuviera paz en ese momento de mi vida. Fue suficiente para comenzar una nueva etapa.

Andrés por su parte enfrentó un proceso de desgaste de ocho años con su pareja antes de conocernos, consultando a cinco psicólogos, dos psiquiatras, asistiendo a tres retiros matrimoniales y experimentando tres cambios de congregación a fin de buscar una salida. Hicieron muchos intentos para salvar el matrimonio, pero no llegaron a ningún acuerdo.

Cuando se separó y empezamos a conocernos, también le fue bien difícil. Necesitó más tiempo que yo para llevar a cabo el proceso. Somos muy diferentes en esto de los procesos. Él se toma su tiempo, pero cuando los resuelve, es definitivo.

En todo este asunto siempre nos sentimos abrazados por Dios, comprendidos y consolados. Muy a pesar de todas las condenaciones diagnosticadas por otros, nos sentíamos en paz con Dios. Nuestra turbulencia se debía a los conflictos internos, personales y relacionales por resolver.

Cuando Andrés y yo nos sinceramos en cuanto a nuestros sentimientos, nos pusimos a investigar en la Biblia, en libros que tocaban estos temas, en páginas y blogs de la Internet, buscando también el consejo de varios pastores sobre el divorcio y el nuevo casamiento. Sabíamos que romper una relación de pareja no era del agrado de Dios, sin embargo, ¿por qué no nos sentíamos condenados?

En ese tiempo conocimos a un Dios de amor, conocimos a un Dios al que no habíamos conocido antes. Un Dios que no nos acusaba con el dedo, que no mandaba fuego del cielo, sino que nos miraba con amor y cuidaba de nosotros.

Un Dios que aborrece el pecado, pero ama al pecador.

Nos hicimos muchas preguntas. Por ejemplo:

- ¿Dios se agrada de los matrimonios que permanecen juntos por años demostrándole al mundo que disfrutan de una relación espectacular, cuando puertas adentro la relación se murió?
- ¿Es bueno para los hijos ver a los padres pelear y discutir toda la vida?
- ¿No es pecado el maltrato dentro del matrimonio, ya sea físico o psicológico?
- ¿Es bueno para la pareja mantenerse juntos en apariencia cuando en la intimidad fantasean con otra persona?
- Si la relación es hasta que la muerte nos separe, ¿no estamos matando la relación cuando ridiculizamos a nuestra pareja en público, terminamos una discusión a golpes, manipulamos al otro sicológicamente o despreciamos y abusamos de la intimidad sexual de la pareja?
- Después de muchos años de actuar de una forma que va matando lo que Dios unió, ¿por qué es tan terrible el día de la separación y no todos los días en que actúe de una manera que dañaba la relación?

No tenemos las respuestas a todas las preguntas que nos hacemos. Sin embargo, tampoco tenemos miedo de plantearlas, ya que queremos que otras parejas que están atravesando un proceso de divorcio encubierto reaccionen.

Si están en medio de una relación falsa, no crean que la apariencia de tranquilidad es una garantía. Cada día tomamos la decisión de actuar de modo que lo que Dios unió, no solo siga teniendo vida, sino que podamos disfrutarlo cada vez más.

En el diccionario, la definición de ***pacto*** es: *Un convenio o tratado solemne, estricto y condicional entre dos o más partes en que se establece una obediencia a cumplir uno o varios acápites establecidos en un contrato formal y en el que ambas partes se comprometen a ejecutar ciertas acciones y recibir retribuciones de la otra parte por su cumplimiento.* Algunos ejemplos de esto son un contrato de trabajo, un pacto con una persona (como el del matrimonio y un juramento de fidelidad), o bien pactos elevados como los establecidos por Dios con Abraham acerca del pueblo de Israel que iba a surgir de su simiente.

Y yo siempre me pregunté: ¿Y qué sucede cuando una de las partes no cumple con su compromiso?

En ese caso el pacto ya está roto por alguno de los dos o ambos, así que simplemente estoy exteriorizando la rotura del pacto a través de la separación y el posterior divorcio.

Dios ya se entristeció cuando no se respetaron los compromisos de amor, fidelidad, cuidado, etc. Y él aborrece todo pecado que atente contra la relación matrimonial.

Hubo un libro que leímos (y seguimos leyendo) que nos trajo mucha claridad con sus comentarios sobre lo que dice la Biblia en cuanto al matrimonio. Es *Comentario al Nuevo Testamento*, de William Barclay (Editorial Clie, p. 152), del cual queremos compartir un pasaje textualmente.

Comentarios de William Barclay

El matrimonio y el divorcio

Mateo 19:10-12 (Conclusión)

Sería un error dar por terminado este tema sin hacer un esfuerzo a fin de ver lo que quiere decir para la cuestión del divorcio en nuestros días. Podemos en un inicio hacer notar esto. *Lo que Jesús estableció fue un principio y no una ley.*

Convertir este dicho de Jesús en una ley sería malentenderlo seriamente. La Biblia no nos da *leyes;* nos da *principios* que debemos aplicar con oración e inteligencia en cualquier situación dada.

Acerca del sábado la Biblia afirma: «No hagas en él obra alguna» (Éxodo 20:10). Sabemos muy bien que un cese absoluto del trabajo no fue nunca posible en ninguna civilización. En una civilización agrícola, hay que atender al ganado y ordenar las vacas, sea el día que sea. En una civilización desarrollada, ciertos servicios públicos tienen que proseguir, o el transporte se interrumpiría, o el agua y la luz y el calor no estarían disponibles. En cualquier hogar, en especial donde, hay niños, tiene que haber una cierta medida de trabajo.

Un principio nunca se puede convertir en una ley inflexible; un principio siempre se tiene que aplicar a una situación individual. Por lo tanto, no podemos zanjar la cuestión del divorcio simplemente citando las palabras de Jesús. Eso sería legalismo. Tenemos que tomar las palabras de Jesús como un principio a aplicar en los casos individuales que se nos presenten. En ese caso, surgen ciertas verdades.

(i) No cabe duda de que lo *ideal* es que el matrimonio sea una unión indisoluble entre dos personas, y que se debe entrar a él como una unión total de dos personalidades, no diseñada para hacer posible un acto solamente, sino para hacer posible toda la vida un compartir satisfactorio y mutuamente realizador. Ese es el principio esencial del que debemos partir.

(ii) Pero la vida no es, ni nunca podrá ser, un asunto completamente nítido y ordenado. En la vida no se puede evitar que se presente a veces el elemento de lo impredecible. Supongamos, pues, que dos personas entran a la relación matrimonial; supongamos que lo hacen con las esperanzas y los ideales más elevados; y también supongamos que algo imprevisto va mal, y que la relación que debería ser la alegría más grande de la vida se convierte en un infierno. Supongamos que se solicita toda la ayuda disponible para remediar esta situación rota y terrible. Supongamos que se llama al médico para que ayude en las cuestiones físicas; al psiquiatra para tratar los problemas psicológicos; al sacerdote o al pastor para las cosas espirituales. Supongamos que el problema sigue ahí; supongamos que uno de los cónyuges del matrimonio está conformado física, mental o espiritualmente de una manera tal que el matrimonio es imposible, y supongamos que el descubrimiento no se podría haber hecho hasta que se hiciera la prueba. ¿Es que en tal caso estas dos personas han de estar para siempre encadenadas la una a la otra en una situación que no puede sino sumir en la infelicidad a ambos para toda la vida?

Es sumamente difícil reconocer que tal razonamiento se pueda llamar cristiano; es en extremo difícil ver a Jesús condenando legalmente a dos personas a una situación tal.

Esto no es decir que se deba facilitar el divorcio, pero sí que, cuando todos los recursos físicos y mentales y espirituales se han aplicado a la situación, y esta permanece incurable y hasta peligrosa, hay que ponerle un límite; y la iglesia, lejos de considerar a las personas implicadas en tal situación como algo fuera de su responsabilidad, debe hacer algo, debe hacer todo lo posible con energía y ternura para ayudarlas. No parece que haya otra solución más que aplicar el verdadero espíritu de Cristo.

(iii) Sin embargo, en este asunto nos encontramos cara a cara con una situación de lo más trágica. Sucede a menudo que las cosas que hacen naufragar el matrimonio son de hecho cosas que la ley no puede tocar. Una persona, en un momento de pasión y falta de control, comete adulterio, y pasa el resto de la vida sumida en la vergüenza y el dolor por lo que ha hecho. El que pudiera repetirse su caída es por lo menos posible en el mundo. Otra persona es un modelo de rectitud en público, cometer adulterio es lo más remoto que podría ocurrirle, sin embargo, con una crueldad sádica constante, con un egoísmo diario, con una crítica y un sarcasmo y una crueldad mental constantes, le hace la vida un infierno a los que viven con ella, y lo hace con una determinación encallecida.

Bien podemos recordar que los pecados que aparecen en los periódicos, y los pecados cuyas consecuencias son más obvias, no tienen que ser necesariamente los pecados más graves a los *ojos* de Dios. Muchos hombres y mujeres arruinan la relación matrimonial; sin embargo, presentan ante el mundo exterior una fachada de rectitud impecable.

Todo este asunto es tal que requiere más simpatía y menos condenación, porque el fracaso de un matrimonio es lo que menos se debe plantear en términos legalistas, y sí más en términos de amor. En este caso, no es tanto la ley lo que hay que mantener, sino el corazón y el alma de las personas. Lo que se requiere es que haya oración y reflexión antes del matrimonio; que si un matrimonio está en peligro de fracasar, todos los recursos posibles —médicos, psicológicos y espirituales— se movilicen para salvarlo, pero si la situación es irremediable, debe plantearse no con un legalismo rígido, sino con un amor comprensivo.

Andrés y yo tenemos actualmente una relación de pareja sana, una relación que nos permite amar a Dios por sobre todas las cosas y luego, inmediatamente, amar al otro y amar a nuestros hijos.

Por primera vez en nuestra vida experimentamos una relación sana, que nos permite crecer en Dios y como personas. Una relación que disfrutamos y que deseamos para nuestros hijos. Y sentimos que estamos en el plan de Dios, ya que ahora sí nuestra relación de pareja coincide con el compromiso y el pacto establecido por Dios para el matrimonio.

Definiciones

¿Qué es el divorcio?

- Es la muerte de un proyecto de pareja que no pudo ser.
- Es una opción a una relación matrimonial que se convirtió en una fuente de infelicidad constante para uno o ambos miembros de la pareja.
- Es la disolución real de un pacto.
- Es una decisión con consecuencias difíciles, pero que evita males mayores.
- Es un mal menor para evitar un mal mayor.
- Según una enciclopedia, el divorcio es una causa de la disolución del matrimonio.

Veamos unos gráficos que ilustran cómo son los diferentes tipos de relaciones que existen entre dos personas.

La pareja conyugal

Cuando un hombre y una mujer se unen en matrimonio, configuran un sistema de dos miembros unidos entre sí por un vínculo de alianza o vínculo conyugal: «el sistema conyugal».

La pareja parental

Cuando nace el primer hijo, se agrega entre ambos el vínculo parental y se configura lo que llamamos «familia nuclear».

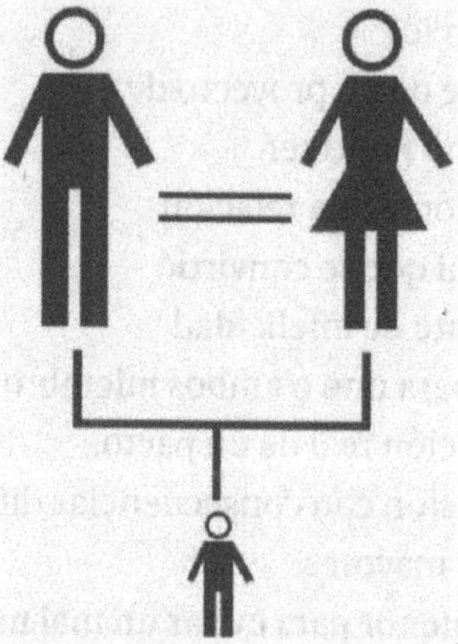

Divorcio

Le llamamos divorcio a la disolución del vínculo conyugal y la devolución de la aptitud nupcial a los ex esposos.

El divorcio desorganiza la estructura de la familia nuclear e interrumpe su ciclo vital. Como resultado, la familia se transforma en una «familia binuclear», con dos núcleos representados por la casa del papá y la casa de la mamá.

El sentimiento alterno al divorcio es la *infelicidad intolerable*. Existen dos tipos de divorcio:

Viable

- Peleas y desacuerdos en la primera fase.
- Más tarde hay un acuerdo por los hijos.
- Dolor por las pérdidas.
- Poca participación de terceros.
- Ausencia de intermediarios litigantes.
- Límites claros.

Destructivo

- No se comparte la crianza.
- La separación emocional no es completa.
- Enfrentamientos crónicos.
- Están unidos por la ira y los deseos de venganza.
- Se culpa al otro.
- Las peleas deterioran la relación con los hijos.
- No es raro que intervengan sistemas extrafamiliares.

- El contexto que rodea al divorcio destructivo es el tribunal y las demandas judiciales que son moneda corriente.
- Maltrato físico o emocional a los hijos o al ex cónyuge.

c) Pensando en volver a casarme

Aquel que planee rehacer su vida y apostar a una nueva relación debería tener como prioridad descubrir cuáles fueron sus errores en la relación anterior, reconocerlos, trabajar sobre ellos, sanarlos y así avanzar hacia una relación nueva y sana.

El factor común de las personas separadas o divorciadas es *la falta de límites sanos.*

Cada vez que se establece un límite, se pone en juego todo un sistema de valores. Para que las cosas funcionen es importante reconocernos quiénes somos de verdad, estar en contacto con nosotros mismos. No valemos por lo que tenemos, sino por quiénes creemos y decimos que somos.

Formar una familia ensamblada es todo un desafío y debe ser vivido como una oportunidad de crecimiento personal y de pareja. El hecho de volver a enamorarse, experimentar sensaciones nuevas o dormidas desde hace tiempo y estrenar proyectos en pareja implica una ola de rejuvenecimiento, una inspiración para el alma con la que nos sentimos totalmente renovados.

Las familias ensambladas son como un horno microondas emocional. El horno microondas cocina rápidamente los alimentos porque aplica una energía muy intensa. Las familias ensambladas, con poco tiempo para compartir, deben desarrollar relaciones intensas y generar un diálogo profundo, por medio del cual los miembros se brinden calor, afecto y apoyo.

d) Coparentalidad sana

La experiencia de separarse de la persona con la que habíamos planificado un proyecto de vida, un sueño a largo plazo, suele estar cargada de emociones. Es de vital importancia que cada uno se brinde y respete su propio tiempo para tomar nuevas decisiones, en especial a fin de sanar heridas y madurar situaciones.

Es saludable establecer un buen diálogo y ser respetuoso con el padre o la madre de nuestros hijos. Evitar las peleas, las discusiones y los arranques de ira. Algunas veces es inevitable vivir una tempestad al momento de la separación, pero resulta vital para nuestros hijos que haya una comunicación lo más sana y saludable posible.

La clave para lograr una coparentalidad sana es no agredirse ni maltratarse. Quien arremete de forma permanente contra el otro en realidad permanece atado o ligado a él.

Es imposible que uno solo tenga la culpa de *todo*, la pareja está compuesta por dos. Si cada uno asume por su lado lo que le corresponde, sin culpar al otro, podrá detectar las fallas y corregirlas para beneficio personal.

¿Qué es la coparentalidad? Es muy sencillo. Cuando la relación de pareja muere, continúa una relación como padres de los hijos. Solo la muerte física de una persona puede anular la responsabilidad que como adultos tenemos con nuestros hijos. El papá y la mamá, los dos juntos, a pesar de la separación, siguen siendo responsables de sus hijos. Esa responsabilidad compartida entre el papá y la mamá que continúa luego de la separación se llama coparentalidad.

Así que la coparentalidad no es más que la responsabilidad que tenemos con nuestros hijos y que es compartida con el otro adulto, es decir, nuestro antiguo cónyuge. Una persona puede llegar a ser

la ex pareja de alguien, pero nunca podremos convertirnos en ex padres. Como en esta imagen, el sueño de la pareja perdió el equilibrio y se vino abajo, pero la relación con los hijos no termina nunca.

El término «ex padres» es inexistente, ya que ni la muerte física hace que uno considere a su padre o su madre como ex. Cuando me casé por primera vez (Haydée), no dejé de ser hija de Benjamín y Nélida, y aunque hoy ya fallecieron, tampoco puedo decir que ellos son mis ex padres. El vínculo entre padres e hijos dura para siempre.

Hay diferentes tipos de coparentalidad. Una coparentalidad sana prioriza a los hijos. Y es sana cuando se cuida el ambiente en el que ellos viven.

La siguiente imagen ejemplifica el concepto y nos permite interiorizarlo. La relación entre padres e hijos no se rompe nunca.

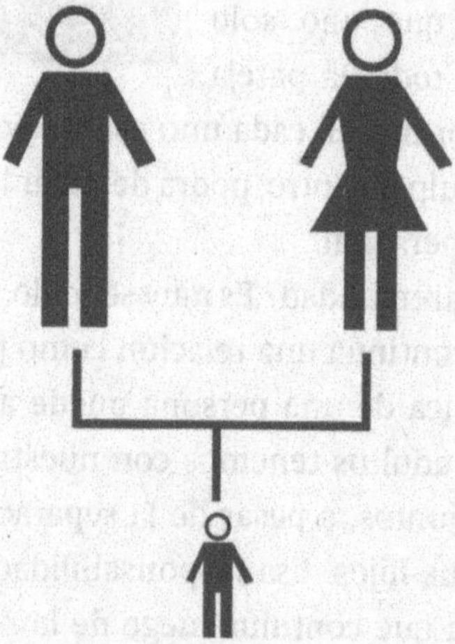

Conozco el caso de una pareja que al separarse utilizó a sus hijos varones como mensajeros. Ellos llevaban y traían información, luego transmitían amenazas y palabras groseras. También pasaron a ser objeto de disputa con motivo de la custodia. El padre, solo por despecho, pensaba que si obtenía la custodia sería el ganador.

Utilizaron a esas criaturas como armas para lastimarse mutuamente, sin tener en cuenta el daño psicológico y emocional que estaban causando. ¿No sería mejor cuidar a esos niños y brindarles seguridad y amor?

La coparentalidad sana disminuye la depresión infantil, el suicidio adolescente, la delincuencia de los menores, el bajo rendimiento escolar, la drogadicción y el alcoholismo en los jóvenes, así como también hace disminuir el embarazo adolescente. ¡Así de importante es una coparentalidad sana! Es sinónimo de seguridad y autoestima para los hijos.

Si esta situación te da miedo, «no nos ha dado Dios espíritu de cobardía, sino de poder, de amor y de dominio propio» (2 Timoteo 1:7). Si te sientes solo, Dios te asegura: «No te desampararé, ni te dejaré» (Hebreos 13:5).

Una buena separación ayuda a una buena coparentalidad. Separarse bien significa:

- Independizarse, no vivir pendiente de la historia anterior ni de la vida personal del ex cónyuge.
- Aprender de la experiencia. Y aprendo cuando suelto lo que tengo, no cuando me dejo atrapar más por el pasado.
- Admitir que esta persona de quien me separo sigue siendo el padre o la madre de los hijos que tenemos en común. Por ese motivo compartimos la obligación de ser respetuosos, sin menospreciar a la otra persona ni tratar de arruinarle la vida.

El ejercicio de una coparentalidad sana no significa estar de acuerdo en todas las decisiones relacionadas con los hijos, ni que una de las familias o minifamilias (mamá o papá solo con los hijos) deba darle cuenta al otro de las elecciones, reglas o normas. Cada hogar debe ser autónomo.

Por ejemplo, mis hijas viven conmigo y deben respetar las reglas de convivencia que tenemos en nuestra casa. Para establecer estas reglas de convivencia, no tengo que ponerme de acuerdo con el padre de ellas. Mi ex esposo determinará su propia forma de vida en su casa cuando mis hijas estén con él. No obstante, sí tenemos que compartir la responsabilidad del cuidado y en los temas relacionados con la salud, la educación y la protección.

Si tu hija o hijo te pide permiso para ir a bailar, este es un asunto relacionado con la educación y la seguridad. Así que es importante que exista un acuerdo entre ambos padres en cuanto al tema, más allá de que tengas o no una nueva pareja. Además puedo acordar otros detalles con mi nueva pareja relacionados a esta salida, como por ejemplo quién lleva o trae al chico o la chica.

Asimismo es importante aclarar que los castigos o costumbres que se impongan en una casa no necesitan cumplirse también en la otra. Es fundamental tener en cuenta que un castigo impuesto se mantiene mientras el hijo está con el padre que impuso el castigo. Tratar que el castigo continúe en la otra casa solo crearía conflictos innecesarios con el otro progenitor, tanto en lo que se refiere a la coparentalidad como en la relación entre padres e hijos.

Los hijos que viven con uno de sus padres, son como las personas con doble ciudadanía: solo tienen problemas cuando sus dos países (papá y mamá) están en guerra.

Otro tema de gran importancia es la lealtad. Por lo general, y de forma natural, los hijos son leales a sus padres biológicos, ya sean buenos o malos. Y en especial si sienten que el progenitor con el cual no viven se encuentra en inferiores condiciones, ya sea por la posición económica en la que se encuentra o por cuestiones de adicciones o salud.

Es habitual que un hijo defienda a una mamá alcohólica solo porque siente que es su deber de hijo protegerla. Incluso es posible que decida decidir ir a vivir con un papá irresponsable e inmaduro para cuidarlo y protegerlo.

Implícitamente, y algunas veces de forma explícita también, los padres les piden a sus hijos que «elijan», haciéndolos de este modo partícipes de una competencia en la que ninguno gana.

Las familias ensambladas y los problemas de lealtad van de la mano. Si yo, como madre afín, intento forzar mi relación con los hijos de mi pareja y apresurarme en el proceso de ganarme su confianza, solo estoy alejándolos y retrasando el desarrollo del ensamblaje. Los padres biológicos por lo general quieren que sus hijos acepten a su nueva pareja, y este esfuerzo al igual que el anterior solo consigue efectos adversos.

Hay que darle tiempo al tiempo, los ensamblajes comienzan a funcionar luego de aproximadamente dos años. Dependiendo del tipo de convivencia, pueden demorar hasta siete años.

Cuando se convive con tus hijos y los hijos de tu pareja, hasta que se logre el ensamblaje, la convivencia a veces puede parecer insoportable, sin embargo, el tiempo de ensamble se acorta. La tensión de la convivencia bien llevada y dirigida por los adultos puede obtener el mejor de los resultados, así como una guitarra bien afinada, con la tensión justa en cada cuerda, puede proporcionarnos un hermoso concierto.

¿Qué situaciones generan problemas de lealtad en los hijos?

- Hablar mal del otro progenitor o el otro hogar.
- Hacer comentarios o comparar condiciones de vida.
- Echarle la culpa a la otra familia por las presiones económicas o el sufrimiento emocional.
- Pedir que el hijo permanezca con uno cuando debe pasar ese tiempo con el otro progenitor.

- Persuadir al hijo para que no visite a su padre o madre hasta que le haya pasado la cuota por manutención o la custodia haya vuelto a negociarse.
- Hacerlo sentir culpable por disfrutar de las personas con las que convive en la otra casa.
- Negarse a escucharlo hablar sobre los momentos agradables vividos en el otro hogar.

Estas y muchas otras cosas más enseñan a los hijos a enterrar sus emociones y lamentablemente aprenden a complacer a todos para lograr un equilibrio. Toman en sus manos el desafío de llevarse bien con todos y obtener la paz deseada en la relación entre y con los adultos.

Los hijos simplemente quieren estar relacionados con las personas que aman sin condiciones que los limiten. Algunos progenitores intentan curar sus propias heridas emocionales tratando de ganarse la lealtad absoluta de sus hijos, sin tener en cuenta cuán perjudicial es para ellos esta situación. Si estás haciendo esto con tus hijos, sería conveniente que busques ayuda profesional para sanar tus emociones.

Algunos hijos sienten que le son infieles a su padre biológico si disfrutan de tiempo con su padre afín, imaginando que su papá estará solo y triste en su casa. Esta lucha se acentúa si su papá biológico critica y desprecia al padre afín.

El mensaje que los hijos escuchan es: «No soporto que lo quieran y se ocupen de él. Demuéstrenme que se preocupan por mí y me aman rechazándolo».

Es normal para los adolescentes que al comienzo de una familia ensamblada *no* se relacionen de una forma favorable con las otras personas ni acepten dicha situación. Por lo general se sienten presionados a tener que relacionarse con los nuevos miembros de la familia justo en una etapa en la que intentan independizarse de ella. Es la edad en la que luchan por un mayor grado de autonomía e independencia. Es una etapa en la que se ponen a prueba los valores y las normas. Es una época para construir una identidad definitiva y tener la oportunidad de tomar decisiones por sí mismos. Y todo esto naturalmente aleja a los adolescentes del control de sus padres.

Sin embargo, al formar una familia ensamblada se espera cooperación e integración a través de tiempos juntos y distintas actividades. Esta situación pone en aprietos al hijo adolescente. Algunos padres toman esta situación normal de la edad como algo personal cuando en realidad hay que ser conscientes de que es algo propio de la edad y tranquilizarse.

El veinte por ciento de los adolescentes se muda con el otro padre en algún momento. Para ellos esto significa ahondar en su historia, para el padre con el cual vivían puede significar un rechazo.

Es importante entender el conflicto de los hijos adolescentes y no considerar el asunto como una deslealtad o un rechazo. Debemos ser lo suficiente fuertes como para escuchar y entender las necesidades de nuestros hijos, aunque ello signifique una pérdida para nosotros. Recordemos que:

- Nunca perderemos el cariño de nuestros hijos si actuamos con sabiduría.
- No debemos hacer que nuestros hijos se arrepientan de sentir cariño por la otra casa. Tengamos presente que tienen ciudadanía en dos países. Los hijos necesitan nuestro permiso para amar a su madre o padre biológico y precisan ver nuestra estabilidad psicológica al hacerlo. Tal permiso los libera de la presión de tener que cuidarnos a nosotros.

- Hay que darles tiempo para que el círculo íntimo se expanda e incluyan al nuevo cónyuge por sí mismos.
- Si los hijos están protegiendo a un padre o madre disfuncional, no debemos obligarlos a que se alejen, pues pueden sentir odio y rencor hacia nosotros. Más bien escuchemos sus preocupaciones y amablemente ayudémoslos a decidir cuáles deben ser los límites sanos con el otro padre.
- Esconder la verdad no protege a los hijos, ellos pueden hacerle frente a las acciones de los padres si saben qué esperar, así que no intentemos endulzar la verdad creyendo que de ese modo protegemos a nuestros hijos.
- Es bueno ayudar a nuestros hijos grandes y adolescentes para que le pregunten al padre que no cumplió su promesa por qué actuó así o les explique sus decisiones enfermizas. Esto fortalece a los hijos en sus relaciones.

¿Cómo lograr una coparentalidad sana? No es fácil lograr una relación de cooperación con una persona con la cual se solía discutir permanentemente. Es aquí donde es normal que alguien reconozca que sus conflictos con su ex cónyuge no son cosas del pasado. «Suena muy bien... me encantaría tener esa clase de relación con el padre (o la madre) de mis hijos, pero no va a querer. Todo lo que hago le parece mal o lo sabotea. ¿Qué puedo hacer?» ¡Créeme, te entendemos! Para que una relación de cooperación funcione, se necesita de las dos partes. En este caso, haz lo mejor que puedas.

Sin embargo, existe un hecho interesante, y es que los hijos de familias *no* divorciadas, pero que experimentan un alto nivel de conflictividad, tienen mayores problemas de adaptación y autoestima que los hijos de familias intactas o divorciadas, pero con bajo nivel de conflictividad, como lo demuestran las últimas investigaciones (Amato y Keith, 1991. Amato, Loomis y Booth, 1995). Esto significa que no es tan esencial que la pareja esté divorciada o no, sino el grado de conflictividad presente y la forma en que lo resuelven. Es más, hay estudios que demuestran que una familia nuclear, pero conflictiva, puede ser más perniciosa para la salud mental de los hijos que un hogar estable tras el divorcio.

e) Límites claros

Hablemos un poco sobre los *límites*. ¿Qué son los límites? Ejemplos:

- Las líneas en una cancha definen el área de juego.
- Una cerca o un alambrado nos indica dónde comienza y termina un terreno.
- El marco de un cuadro delimita la imagen que se encuentra adentro.
- La piel funciona como una barrera que protege a nuestro cuerpo. Por fuera está lo malo, lo que contamina y por dentro lo bueno, lo que la piel protege.

¿Qué piensa Dios de los límites?

En el principio, cuando Dios creó los cielos y la tierra, tuvo que poner un límite y dividir las aguas, un límite al que llamó firmamento. Las aguas que quedaron por debajo del firmamento (del cielo) también fueron ordenadas, y así Dios dejó partes secas a las que llamó tierra, y al conjunto de aguas lo llamó mar (Génesis 1). Él estableció límites y ordenó todas las cosas.

En Génesis 2:15-17, Dios les dice a Adán y Eva que podían comer de todos los frutos del Edén, menos del árbol del bien y del mal. Él fijó un límite en cuanto a qué comer y qué no.

Si seguimos analizando, todo el Antiguo Testamento está lleno de límites que Dios fue poniendo, los cuales siempre han sido de beneficio para su pueblo.

En Mateo 8:23-27 se narra la ocasión en que Jesús estaba con sus discípulos en una barca, y mientras él dormía, se desató una gran tormenta. Jesús, poniéndose en pie, le puso límites al viento y las olas, ordenándoles que se detuvieran.

Pasemos a la historia de la mujer que padecía de flujo de sangre. Durante doce años ella sufrió de ese mal, y mientras Jesús iba camino a sanar a la hija de Jairo, la fe de esa mujer le puso límite a su enfermedad (Mateo 9:18-22).

En Lucas 19:45, la Biblia nos cuenta acerca del día en que Jesús entró al templo y comenzó a echar de allí a los vendedores. Él les puso un límite a los mercaderes, que solo buscaban llenar sus bolsillos de dinero. Les dijo: ¡Basta, esto no lo permito más!

Dios ama los límites y los estableció para protegernos, ayudarnos y organizarnos. Dios es un Dios de amor y orden. Debemos aprender del mejor y mayor mentor de la historia.

Entonces, los límites son los que separan lo bueno de lo malo, lo que quiero de lo que no quiero. Cuando no sabemos bien cuáles son nuestras responsabilidades o nuestra área de dominio, tenemos un problema de límites.

Por lo general, pensamos que un individuo que arremete contra otros, que pareciera ser el victimario, tiene un problema de límites. Sin embargo, aquella persona que permite que otro abuse de ella tiene un problema de límites también. ¿Acaso te ha sucedido que te ofreces para hacer algo y terminas haciendo otra cosa totalmente diferente porque te pidieron que hicieras lo que no estabas dispuesto a hacer?

Por ejemplo, Patricia vive con Francisco. Ambos sufrieron un fracaso previo. Patricia está acostumbrada a cubrir todas las necesidades de Francisco, lo atiende, lo mima, hace todo lo que él necesita y más también. Sin embargo, cuando Patricia necesita apoyo, Francisco no puede ayudarla, siempre tiene algo más importante que hacer. Lo mismo le ocurría a Francisco en su relación anterior. ¿Quién tiene un problema de límites? ¿Patricia o Francisco?

La respuesta es: ¡Ambos! Patricia no para de complacer y no sabe decir que no ante las peticiones de Francisco. Y Francisco no respeta el espacio de su esposa y encima nunca está dispuesto a colaborar. Ambos deben trabajar con su problema de límites, de lo contrario habrá un nuevo fracaso a la puerta.

He aquí otro ejemplo. Ricardo está divorciado y vive con su hija, Camila. Resulta que cada vez que Camila tiene que ver a su novio, toma los autobuses que sean necesarios y vuelve a su casa más tarde de la hora que Ricardo le permitió. No obstante, cuando Camila va a visitar a su mamá, solicita ser llevada y traída en auto por su padre. Y su solicitud es casi una demanda.

Si Ricardo accede aunque no lo desee, puede que lo haga porque siente culpa o tiene una falta de límites. Si Camila puede resolvérselas sola para ver a su novio, también puede hacerlo para visitar a su madre. Está muy bien que Ricardo quiera llevarla una que otra vez, siempre y cuando no sienta que es su obligación de padre hacerlo.

Para esclarecer mejor el punto, vamos a dividir los principales problemas de límites en categorías.

1. **Complacientes:** Son los que no saben decir «no», los salvadores del mundo.
2. **Evasores:** No saben aceptar lo bueno. Eso siempre es para los demás, ellos no lo necesitan.
3. **Controladores:** No pueden ni quieren respetar los límites ajenos. Su palabra es lo único que vale.
4. **Indolentes:** Son sordos y ciegos a las necesidades ajenas. Solo piensan en sí mismos.

Analicemos cada una de estas categorías.

Complacientes: Son los que no saben decir «no», los salvadores del mundo.

Esta categoría la integran aquellas personas que no saben decir que no, los salvadores de todos, los que siempre dan, dan y dan, sin importar demasiado el costo físico y psicológico que ello implica. Son los que siempre están dispuestos a ayudar con un perfil bajo. No desean figurar, sino que no saben negarse y sienten que tampoco pueden hacerlo

¿Por qué son tan complacientes? Porque aprendieron a hacer lo que otros quieren que hagan, ya sea para evitar discusiones, problemas o complicaciones.

Cuando un niño es criado por un padre que le dice que si no hace lo que le ordena le va a pegar o no lo querrá más, ese niño entiende que para ser amado tiene que complacer.

El complaciente vive para agradar a los demás, y de esa forma se siente amado, porque aprendió de chico que esa es la fórmula.

Evasores: No saben aceptar lo bueno. Eso siempre es para los demás, ellos no lo necesitan.

Las personas evasoras son las que no se sienten dignas de gratificarse a sí mismas, aquellas que les ceden sus oportunidades a otros. Ellas no se abren ni se expresan, porque hay que darle el espacio y la oportunidad a otro que seguramente lo necesita más. Por lo general, son personas que no reconocen sus propias limitaciones, siempre se consideran capaces de todo y no necesitan ayuda.

Los evasores confunden los límites con muros. Los límites permiten la oxigenación, permiten la entrada de lo bueno sin dejar pasar lo malo.

Controladores: No pueden ni quieren respetar los límites ajenos. Su palabra es lo único que vale.

Son las personas que no escuchan el no de los demás, son sordas a las negativas, para ellos todo es «puede ser y sí».

Los controladores son individuos manipuladores, agresivos y abusadores. Manipulan, agreden y abusan de los límites de los otros. Ellos no pueden con su propia vida y hacen responsables a todos los demás de sus problemas. Son los que no pueden ser felices porque su pareja no los hace felices. No pueden llegar a tiempo porque la otra persona le hizo algo, según ellos «a propósito».

Dentro de los controladores hay dos clases: Los controladores agresivos y los manipuladores. Los agresivos son los que se imponen con gritos, golpes y exigencias. Los manipuladores son los que engañan con palabras seductoras y persuasivas hasta lograr su objetivo: controlar.

Indolentes: Son sordos y ciegos a las necesidades ajenas. Solo piensan en sí mismos.

Dentro de este grupo están los indolentes totalmente sordos a las necesidades ajenas, aquellos que nunca se ponen en el lugar del otro.

Y están los que se encierran en sus propias necesidades y deseos excluyendo al resto. Son los individuos que acaparan todo para sí mismos.

La mayoría de las personas tenemos una combinación de al menos dos de estas características.

Supongamos que María, complaciente y evasora, conoce a Martín, controlador e indolente. ¿Qué puede suceder? ¡Ellos se casan!

La fórmula es matemática 2 + 2 = 4.

Me ocurrió (Haydée) que luego de mi divorcio, leí sobre este tema y en realidad recibí mucha paz, me quité muchas culpas de encima. Estaba llena de preguntas, de sueños rotos, de frustraciones. ¿Cómo podía ser? Había orado, había cumplido con la lista de requisitos que me indicaron y enseñaron. Había hecho todo y sin embargo me hallaba en esa situación, nunca planeada ni imaginada, estaba separada y con dos hijas de cinco y ocho años.

Hasta que leí el libro *Límites* (Cloud y Townsend, Editorial Vida). ¡Allí descubrí que yo simplemente había sido parte de la fórmula matemática! Entonces me liberé de la culpa y comencé a considerar mi situación de otra forma, con otro ánimo y otras fuerzas. Y si Dios está conmigo, ¿quién contra mí? (véase Romanos 8:31).

CONCLUSIÓN:

Estar preparado implica tener herramientas y saber usarlas, tanto emocionales como vivenciales.

Debemos informarnos sobre los tipos de divorcios, qué es la coparentalidad, los límites y los tipos de caracteres de acuerdo a cómo aplicamos los límites.

Hay que poner en práctica cada herramienta que se presenta en este capítulo a fin de que la interioricemos. Para eso hacemos un desafío.

DESAFÍO:

Imagina que uno de los integrantes de la familia se fue de viaje solidario a Haití. Luego vuelve a casa y están todos juntos otra vez. Seguramente aparecerán muchas preguntas y también habría muchas anécdotas que contar. Relatos únicos, algunos excelentes, otros tristes.

Todos los integrantes de una familia ensamblada pasaron por un terremoto emocional alguna vez en sus vidas. Puede que haya sido una separación (o más de una), una orfandad o viudez, o cualquier otro tipo de experiencia.

Te sugerimos que organices una reunión donde no se hable del presente, sino que cada uno pueda contar su propio viaje. Como una ayuda te proponemos que se hable sobre:

- Qué se perdieron en el viaje.
- Qué encontraron.
- Qué pensaste de la nueva pareja cuando la viste.
- Qué alegrías te ayudaron a continuar.
- Si alguien cambió y qué cambió.

Conocer el viaje de cada uno nos ayudará a encontrar puntos en común en los que después podemos buscar la empatía.

CAPÍTULO 5

Expectativas: ¿Son las correctas?

Una esposa le cuenta al esposo que había soñado algo muy lindo:

—Amor, ¿sabías que anoche soñé que el domingo, que es mi cumpleaños, me regalabas un anillo de diamantes? ¿Qué significará ese sueño?

El esposo, con una enorme sonrisa, le responde:

—¡Quédate tranquila amor, que el domingo lo vas a saber!

La esposa, entusiasmada, espera con ansias el domingo. Ese día el esposo le trae una caja hermosamente envuelta con un moño. Ella la abre y encuentra un libro titulado El significado de los sueños.

E*xpectativa* es una palabra que nos habla sobre cosas que probablemente sucederán. Es una suposición basada en el futuro. Puede tratarse de algo con fundamentos concretos o simplemente fruto de nuestra imaginación. Ambas bases son válidas cuando hablamos de expectativas.

Podemos conocer las expectativas por medio de los pedidos que hacemos y nos hacen, y también por las órdenes que damos y recibimos. Los pedidos y las órdenes se nutren de lo que esperamos (nuestras expectativas) que los demás hagan según nuestro punto de vista o nuestra cultura familiar.

Cuando alguien se casa por primera vez, existe un enorme entorno social que nos dicta pautas de cómo va a resultar el matrimonio. Y sobran parientes (suegras y suegros) que nos aconsejan cómo hay que vivir la vida.

Todas estas pautas, más los libros específicos sobre la pareja, lo que hablamos con nuestros amigos y, por qué no, un buen consejo paterno o materno, nos generan *expectativas* que vamos a ir resolviendo mientras vivimos nuestra propia experiencia.

A medida que esa experiencia transcurre, compartimos con nuestros pares lo vivido y nos damos cuenta de que las expectativas de todos son muy similares tanto en el tamaño de lo esperado como el resultado obtenido.

En las familias ensambladas también existen expectativas, aunque estas rayan en lo abismal. Decimos esto porque por lo general nos cuesta mucho criar a nuestros propios hijos, así que pensar que vamos a vivir con otros niños que *no* son nuestros hijos y todo va salir bien es en realidad como saltar al vacío.

Por eso consideramos que las expectativas deben ser las correctas. Si vamos a salir de campismo, sabemos de antemano que no vamos a contar con un hotel, así que llevaremos una carpa. Y si salimos a la playa, sabemos que el mar nos espera y a nadie se le ocurriría olvidar el traje de baño.

Ahora bien, cuando vamos a apostarle a una nueva relación de pareja y tenemos hijos ya crecidos, ¿qué sabemos de antemano? ¿Qué pensamos que nos espera? ¿Qué es lo que nunca deberíamos olvidarnos de llevar en este nuevo viaje?

Los invitamos a revisar la valija de una familia ensamblada antes de empezar el «viaje» de su vida:

a) La relación de pareja se basa en un quiebre

Expectativa incorrecta: Ahora que nos casamos de nuevo podremos funcionar como la familia que teníamos antes.

Expectativa correcta: Experimentamos un fracaso a nivel de pareja. Podemos convertirlo en una lección de vida si lo trabajamos correctamente.

Cuando hablamos de quiebre, hablamos de romper, partir, dividir. Eso fue lo que me ocurrió (Haydée) con mi relación anterior. Había un proyecto de vida planificado que no funcionó, que quebró. Sin embargo, a diferencia de los objetos, que al quebrarse dejan de ser útiles, los seremos humanos seguimos siendo personas completas en sí mismas y tenemos la oportunidad de volver a empezar.

Cuando mi proyecto de pareja se quebró, pensé que todo había acabado. Entré en una especie de desierto emocional, me invadieron sentimientos de angustia, inseguridad, miedo, culpa e incertidumbre.

Poco a poco, con el tiempo, fui recobrándome. Fue como si hubiera pasado un gran tornado que dejó pedazos por todos lados. No obstante, luego la lluvia cesó, el sol volvió a salir y las amistades aparecieron para ayudar.

Con el tiempo las emociones sanaron y el desafío de los sueños volvió a aparecer. *¿Y ahora? ¿Podré ser feliz? ¿A mí también me podrá suceder? ¿Y si me vuelvo a equivocar? El desafío es doble. Sola, pero con dos hijas. ¿Me animo?*

Esas y muchas preguntas más surgieron en mi cabeza en aquella oportunidad. A una nueva relación posible, la precede un quiebre. De mí depende estar preparada para el éxito: de mi sanidad emocional, mi preparación mental y mis ganas de vivir y disfrutar una vida con nuevos desafíos, pero acompañada de un ser amado, de un hombre con el que compartir las alegrías, los éxitos y las dificultades.

Los quiebres se relacionan mucho con los fracasos. Y en mi caso (Andrés) el quiebre representó afrontar un sentimiento de fracaso muy grande. Toda la vida había soñado con tener una familia grande y muchos nietos con los cuales reunirme alrededor de una mesa, he hice todo aquello que creí que estaba bien para lograrlo. Solo después del quiebre entendí que hubo muchos errores tapados con buena voluntad. Muchas decisiones mal tomadas que a su vez trajeron consecuencias graves. Y el sentimiento de fracaso me llevó a sentirme un fracasado, que es mucho peor.

Una pareja mentora me dijo: «Andrés, si no descubres cuál fue tu responsabilidad en el quiebre y tratas con el asunto como corresponde, vas a llevar tu fracaso a cualquier relación que tengas».

Descubrir cuál fue mi responsabilidad en el quiebre me ayudó a cambiar de ser un fracasado a ser alguien que había experimentado un fracaso. No es un juego de palabras. Ser un fracasado implica un problema de identidad. Haber fracasado es un hecho puntual.

Entendí que fui, soy y seré un ser humano que pudo fracasar en un punto importante de su vida, pero eso no me convertía en un fracasado. Haber asumido mis responsabilidades me dio la seguridad de poder encarar nuevas relaciones sabiendo que había crecido un escalón y conociendo en qué áreas debía seguir trabajando y cuidarme.

Después de contarles nuestras experiencias, los queremos invitar a añadir a su valija la consigna: *«Soy consciente de que debo resolver mi quiebre antes de comenzar otra relación»*.

Recuerdo que al principio de mi relación con Andrés me contó que su sueño era hacerse viejito al lado de la mujer que amaba y sentirse ambos muy enamorados a pesar de los años. ¡Qué coincidencia! ¡Yo tenía el mismo sueño! Mayor motivo para hacer las cosas bien. Así que cuando juntos decidimos aceptar el desafío de volver a establecer una relación de pareja y encima teniendo hijos, resolvimos asesorarnos y prepararnos para el nuevo desafío, leer libros que nos orientaran y hacer un curso. Luego todo sería una cuestión de prueba y error, pero con un corazón lleno de amor y dispuesto a perdonar.

b) Comenzamos con hijos

Expectativa incorrecta:

- Ahora que nos casamos vamos a tener más tiempo para estar juntos.
- Por fin ahora mis hijos tendrán un papá (o una mamá).

Expectativa correcta:

- Vamos a programar con tiempo espacios para estar solos debido a que desde el primer día de relación ya tenemos hijos con nosotros.
- Los padres y las madres no se reemplazan.

Como les comentaba antes, la nueva relación comienza con hijos de una relación anterior.

Hace unos días nos fuimos un fin de semana de vacaciones y nos hicimos amigos de una familia ensamblada: Roberto, Susana y Paola.

Roberto (sin hijos) nos contaba que cuando conoció a Susana, su nueva pareja, tuvieron un noviazgo de tres personas, ellos dos y la hija de ella, Paola. Salían a todos lados con Paola. Iban al cine a llevar a Paola. Iban a cenar con Paola. Iban a la plaza con Paola, etc. Esta es la realidad. La nueva relación comienza con hijos que preceden la relación de pareja.

Hace unos pocos días atrás Andrés y yo tuvimos la oportunidad de salir a cenar solos. Mientras comíamos, observamos a las personas a nuestro alrededor, y a esta altura ya estamos prácticos en identificar rápidamente a las parejas.

Una muy pegadita a nosotros mantenía una conversación muy audible. Ella le contaba al señor con el que estaba acerca de sus hijos y la relación con su ex.

En otra mesa veíamos a una pareja más joven, se notaba que se estaban conociendo, y ella llevaba a su pequeña de unos ocho años aproximadamente.

Los temas de conversación no son los mismos que tienen las personas solteras y sin hijos.

La relación que Andrés y yo tenemos ahora tuvo que ir creciendo entre mis hijas, el padre de ellas, los hijos de Andrés y la madre de ellos. Si a esto le sumamos las amistades, los familiares, las personas que dan opiniones sin que se las pidan... ¡Cuánta gente resulta!

¡Si nos subiéramos a un bote en el Rosedal de Palermo, ya nos habríamos hundido!

¡Una vez más el desafío es doble, triple y cuádruple también!

Por eso es muy importante disponer de cierto conocimiento, ya que este elimina las dudas, los miedos y temores. Nos ayuda a conocer mejor el terreno que estamos tratando de conquistar.

Una tarde yo (Andrés) estaba llegando a la casa de Haydée y recibí una llamada de mi hija menor:

—Hola, papá, ¿dónde estás?

—Hola linda, ¿qué necesitas?

—Quería saber dónde estabas papá.

¡Durante mi primer noviazgo, ni mi papá me llamaba para saber donde estaba!

Cuando uno comienza una nueva relación después de una separación, los hijos muchas veces obedecen a un mandato interno que los lleva a boicotear esa nueva relación de forma consciente o inconsciente.

Un amigo nos contaba que una vez su novia y él pasaron a recoger a su hija a la casa de la madre. Él se bajó a buscarla dejando a su novia en el coche para evitar roces inútiles con su anterior esposa.

Estuvo dentro de la casa solamente cinco minutos y salió con su hija, subiéndose al coche para ir al cine. Cuando estaban saliendo, la hija le dijo al padre: «Papá, ¿viste qué linda estaba mamá con ese vestido que una vez le regalaste? Me di cuenta de que la mirabas mucho». Imagínense la escena que siguió después que mi amigo y su novia se quedaron solos.

En otra ocasión estaban Julián y Marta charlando cuando se acercó el hijo de ella y trajo un álbum de fotos que le habían regalado para su cumpleaños. Él se arrimo al amigo de su mamá y le dijo:

«¡Mira qué lindas fotos! Esta es de mi papá conmigo. Esta es de mi papá con mi mamá de vacaciones. Esta es de mi perrito que quiero mucho y que está con mi papá. Y este es el auto de mi papá, que corre mucho más rápido que el tuyo».

Estas reacciones son absolutamente lógicas. Los hijos buscan muchas veces una reconciliación entre sus padres y lo hacen tratando de separarlos de su pareja actual. Tienen la capacidad increíble de enfermarse justo un día antes de la salida que se había programado, o de interrumpir una cena romántica con una llamada pidiendo que la madre vuelva la casa porque le duele muchísimo el estómago.

Así que es de suma importancia añadir a la valija de nuestro viaje otra consigna: *«Vamos a compartir el conocernos con nuestros hijos».*

Así como lo hago ahora mientras escribo: Estoy trabajando con la computadora y una hija me pregunta cuánto es ocho por ocho mientras hace su tarea y mira su programa favorito al mismo tiempo. ¡Y hay que hacerlo con alegría, con humor, asumiendo la realidad tal cual es!

c) Procesos de ensamblaje:

Expectativa incorrecta: En un par de meses nos acomodamos y todo vuelve a la normalidad.

Expectativa correcta: El punto de complicación máxima es aproximadamente a los dos años. Un proceso normal de ensamblaje puede durar hasta siete años.

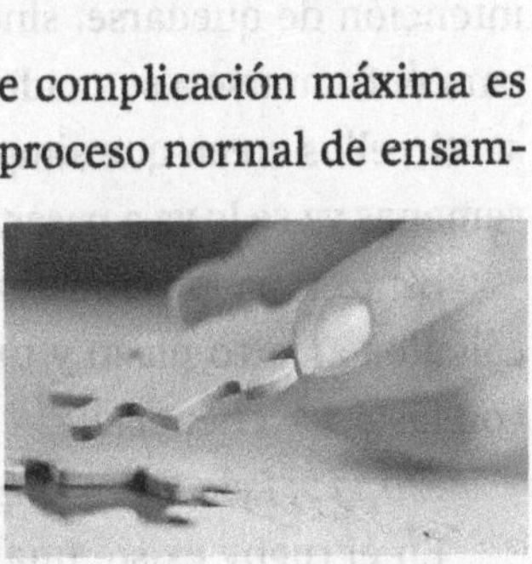

Etapa 1: Un tiempo corto para la fantasía. El estado normal de enamoramiento genera una visión optimista, positiva y muchas veces poco realista de las circunstancias.

Rubén y Gladys son una pareja nueva. Durante su noviazgo salieron a cenar un par de veces con Estela, la hija de Rubén. En esos momentos se llevaron de maravillas, se rieron, hasta jugaron entre todos. También fueron de excursión durante todo un día, practicaron deportes, y por la tarde la muchacha le contó a Gladys algunos asuntos personales y se entendieron. Hubo varias ocasiones en las que los tres pudieron disfrutar de muy buenos momentos juntos.

Cuando Rubén y Gladys decidieron comenzar su relación, Estela les pidió ir a vivir con ellos. Los dos creyeron que era una excelente idea. Rubén ve con agrado que su hija confíe en Gladys y se hace la idea de que va a ser una buena madre para su hija. Gladys, que nunca tuvo hijos, ve que la relación con Estela parece estar encaminada. Ambos, en medio de su enamoramiento, se olvidaron de un pequeño detalle: Susana, la mamá de Estela.

Resulta que Estela mantenía con su madre una relación muy conflictiva y agresiva, pero a la vez no podía vivir sin ella. Así que para que su madre le prestara un poco más de atención, buscó la compañía de «esa señora que sale con mi papá», de quien posiblemente ni recuerde el nombre.

Cada vez que volvía de «esos hermosos momentos junto a su papá y su pareja», se la pasaba peleando con su madre y comparándola con Gladys.

Una semana antes que su padre se casara, Estela y su madre tuvieron una gran pelea. Así que ella decide darle una lección a la madre y le pide al padre que la deje ir a vivir con él sin ninguna intención de quedarse, sino de manipular la relación con Gladys para enfrentarse a su madre. Cuando la reacción de Estela se hace sentir, ellos creen que simplemente son los nervios y que en unas semanas ya se le va a pasar.

Esta etapa se caracteriza por las actitudes optimistas, los cálculos a corto plazo y una visión poco realista de cómo lidiar con las desavenencias.

Etapa 2: Relación a empujones.

En el rugby existe una jugada para conseguir la posesión del balón. En esta jugada, ambos equipos colocan ocho jugadores a cada lado. Entonces se toman de los hombros, se agachan y chocan de frente empujando al otro equipo para poder conseguir el balón que quedó debajo.

Esta es una imagen que representa con bastante fidelidad el período inicial de las familias ensambladas. Hay dos equipos (dos bandos), los de una minifamilia y los de la otra. Se forman alianzas entre los componentes, los cuales chocan de frente contra el otro equipo en busca de obtener el derecho a aplicar las reglas de convivencia (la pelota).

En esta etapa los integrantes de las minifamilias comienzan a compartir sus experiencias pasadas: cómo festejan los cumpleaños, de qué forma administran el dinero, hasta dónde llegan los permisos y cuáles son los límites.

También en este período cada miembro de la pareja comienza a descubrir cuáles fueron los parámetros de convivencia que tuvo su cónyuge en su relación anterior. Si se acostaban a las nueve de la noche o a las doce, si se invitaban a los amigos a dormir a la casa sin mucha planificación, o si nadie está acostumbrado a lavar los platos.

Digamos que la experiencia que están viviendo todos los integrantes de esta nueva familia es muy similar a la que viven dos familias vecinas que se van de vacaciones y comparten el mismo chalet en Mar del Plata.

Alguien se levanta a las seis para correr y hace bastante ruido como para despertar a otra persona que nunca se levanta antes de las diez de la mañana.

Y cuando el abuelo se recuesta en el sillón a leer un libro, coincide en tiempo y lugar con el partido de fútbol que organizan los más chicos. Todas las noches se discute sobre si saldrán a cenar afuera o harán un asadito en el chalet.

Después de un tiempo (pueden ser quince días) estas cuestiones terminan cuando todos vuelven a sus respectivos hogares.

Esta primera fase de las familias ensambladas es como unas vacaciones con los vecinos, en las que el papá de una familia se casó con la mamá de la otra familia y ahora hay que comenzar a negociar para lograr una convivencia armoniosa.

Etapa 3: Sin máscaras. Es un período en el que todos los integrantes dejan de calcular cómo va a caer lo que dicen, ni desean agradar a nadie. Las personas son sinceras en cuanto a sus intenciones, ya sea de forma explícita o no. Las pautas de convivencia resultan criticadas y cuestionadas. Ya pasó el período en el que se creía en una «gran familia muy feliz». Así que se plantean situaciones realistas:

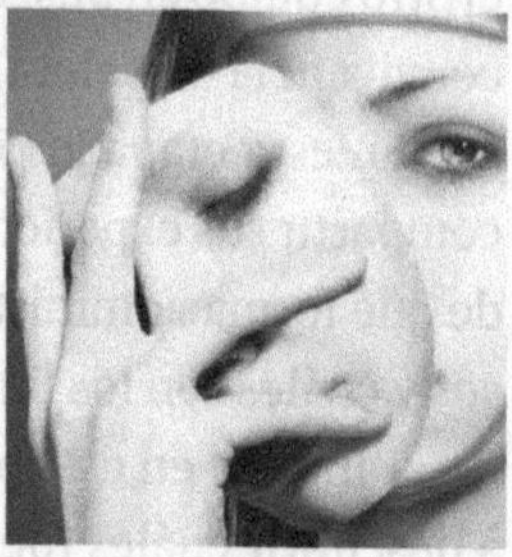

«Me siento incomodo con la forma de hablar de ella».

«No soporto el volumen en que escuchas la música en tu pieza, bájala».

«Creo que con ese tono me estás faltando el respeto».

«Si hay dinero para tu raqueta, tiene que haber para mis botas». Es en esta etapa donde la pareja se da cuenta de que los ajustes que comienzan a realizar entre ellos para llevarse mejor tienen un público difícil: los hijos. Los hijos plantean que sus padres «cambiaron», y están en lo cierto. Sin embargo, ellos no desean que cambien, porque muchas veces eso significa más y nuevos límites.

También resurgen temas con los padres biológicos. Los cambios económicos pueden afectar la elección de los alimentos. O los nuevos límites que se plantean son discutidos por los padres biológicos que no están en la casa.

Los intereses de los niños y los de la nueva pareja son opuestos y válidos. Esto genera mucho estrés. Esta etapa termina cuando la pareja entiende que ellos son los únicos capaces de generar una respuesta a los conflictos. La misma puede superarse cuando existe la intención de buscar, investigar, no conformarse, preguntar, comprar libros acerca del tema (como hiciste tú) y esforzarse por encontrar respuestas a sus interrogantes. No se sale de esta etapa queriendo minimizar las cosas o haciendo ver que no está sucediendo nada.

Etapa 4: Crisis. Esta etapa es más bien un evento o una serie de eventos en los que se hacen explícitas las diferencias en materia de convivencia. Tales situaciones pueden ser:

1. Alguien llega a un punto en el que la presión se desborda y provoca una discusión importante.
2. Un aislamiento completo de un integrante de la familia en su habitación.
3. Algún hijo decide irse a la casa de su otro progenitor.
4. La pareja tiene discusiones importantes debido a criterios diferentes en cuanto a cómo establecer límites en la casa.

Seguramente cada familia podrá agregar a este listado diferentes crisis de todo tipo y color. Lo más importante es saber que dentro de los procesos *la crisis va a venir.*

Por otra parte, *es necesario* que ocurra esta crisis para comenzar la quinta etapa. Las crisis son la antesala de las nuevas oportunidades.

Cuando nos vamos a colocar una inyección, tenemos claro que el efecto va a ser positivo, aunque también sabemos que hay que aguantar el dolor de la aguja. Con las crisis sucede lo mismo, no nos gusta pasar por una crisis, pero es necesaria para dejar en claro que hubo una historia pasada de cada minifamilia y ahora es tiempo de empezar a escribir una historia nueva.

Las crisis nos ofrecen dos posibilidades: O las vencemos o nos vencen. Es de vital importancia que la pareja, que está al mando del timón del barco, sepa que detrás de la enorme ola que tienen por delante puede venir un mar mucho más calmado.

En este momento es cuando hay que enfocarse especialmente en resaltar lo positivo que fuimos conociendo de los demás. Debemos entablar diálogos en los que incluyamos aspectos positivos de las personas con las que hemos discutido, así como reconocer los valores personales, las virtudes y las capacidades, con el fin de aprovechar las crisis para empezar a derribar los muros que la segunda etapa de empujones levantaron.

No es lo mismo vivir una crisis como algo terminal a vivirla como parte de un proceso, como paso necesario para llegar a consolidar la familia ensamblada que tanto queríamos en un principio.

Etapa 5: Negociación y afianzamiento.

La pareja reconoce que la única forma de seguir adelante es formando un solo equipo. En esta etapa uno empieza a ponerse en el lugar del otro, a considerar qué siente la otra parte teniendo en cuenta su historia. Se comienza a pasar de la discusión sobre los límites a tomar decisiones consensuadas.

Al haber pasado un tiempo importante de convivencia, los integrantes de una minifamilia pudieron ir conociendo cómo los integrantes de la otra minifamilia se criaron, de qué forma fueron educados, cuáles fueron sus costumbres adquiridas, y desde ese punto de vista comenzar a establecer consensos.

A partir de estos acuerdos, la familia logra sentimientos de pertenencia e identidad.

Me has librado de las contiendas del pueblo; me has hecho cabeza de las naciones; pueblo que yo no conocía me sirvió.

—Salmo 18:43

CONCLUSIÓN:

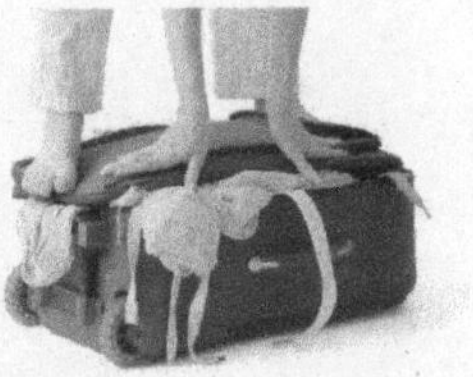

Las expectativas acarrean un enorme equipaje de suposiciones y probabilidades. Este capítulo nos ayudó a elegir las correctas con respecto a la relación de pareja, los hijos y los procesos de ensamblaje.

DESAFÍO:

No hay nada mejor que escribir para ordenar las ideas. Cada integrante de la pareja debe escribir cuáles eran y son las expectativas con respecto a la nueva familia y después dialogar acerca de ellas.

ATENCIÓN: ¡Van a aparecer temas muy interesantes, así que no dejen de hacerlo!

CAPÍTULO 6

¿Somos dos familias o una sola?

Carta de un suicida

Verá usted, señor juez:

Tuve la desgracia de casarme con una viuda. Ella tenía una hija. De haberlo sabido, nunca lo hubiera hecho. Mi padre, para mayor desgracia, era viudo. Se enamoró y se casó con la hija de mi mujer, de manera que mi mujer era suegra de su suegro, mi hijastra se convirtió en mi madre y mi padre al mismo tiempo era mi yerno. Al poco tiempo mi madrastra trajo al mundo un varón, que era mi hermano, pero era nieto de mi mujer, de manera que yo era abuelo de mi hermano. Con el correr del tiempo mi mujer trajo al mundo un varón que como era hermano de mi madre era cuñado de mi padre y tío de sus hijos. Mi mujer era suegra de su hija. Yo, en cambio, soy padre de mi madre, y mi padre y su mujer son mis hijos. Entonces, yo soy mi abuelo.

Señor juez, me despido del mundo, porque no sé quién soy.

El cadáver

a) Historicidad

En el capítulo anterior hacíamos referencia al caso de dos familias que salen de vacaciones.

Supongamos que estas familias son de dos compañeros de trabajo (Miguel y Gustavo) que se conocen hace mucho tiempo.

Ellos han compartido muchos años de estar juntos ocho horas diarias y se conocen hasta los gestos. Lo que desconocen son las pautas con las que cada uno de ellos ha convivido con el resto de los integrantes de su propia familia.

Primer día de vacaciones:

Las familias llegan a la casa a las diez de la mañana. Es un día de sol espléndido. La playa invita a disfrutar del verano. Miguel sale corriendo hacia la playa con sus hijos y Gustavo llama a los suyos para que bajen todas las valijas, bolsos, sillas y el cuatriciclo.

A la una vuelve Miguel con su esposa y sus dos hijos contentos, gritando, llenos de arena y con hambre. Mientras tanto, Gustavo y los suyos ordenaron todas las cosas y prepararon el almuerzo. No obstante, como el amigo se había ido, cocinaron solo para ellos.

Es de suponer que haya una charla entre los dos amigos para establecer las pautas de convivencia. Apenas pasaron tres horas y ya se acumularon varios conflictos por resolver.

Aunque suene un poco dramático, una familia ensamblada experimenta ni más ni menos lo mismo que estas personas durante tales vacaciones, con la diferencia de la duración. Unas vacaciones terminan en quince días; la familia ensamblada puede terminar unida muchos años luego de un trabajo exitoso o con un fracaso a los tres meses.

Es de vital importancia entender que la historicidad va a influenciar muchas circunstancias en la vida de las personas que conforman una familia ensamblada.

Vamos a citar algunas situaciones que seguramente has vivido.

¡Cómo puede ser que tu hijo haga semejante barbaridad!

Por lo general, la historicidad aparece cuando alguno de los hijos realiza algo que para el padre no biológico es casi un comportamiento alienígeno.

Por ejemplo, Carlos, Ana y el hijo de ella, Martín (de dieciséis años), terminan de almorzar por primera vez en la casa que alquilaron para vivir juntos, y de pronto Martín emite un sonoro eructo.

Carlos se queda mudo, incrédulo ante lo que acaba de presenciar. Por su mente pasan varias frases, a saber:

- Esto está fuera de toda lógica.
- Jamás se me hubiera ocurrido hacerlo.

- Es una falta de respeto.
- ¿Quién crió a este muchacho?
- ¿Será que Ana también tiene esta costumbre?

Lo más probable es que en el momento haga algún comentario sin mayores consecuencias, dado que todavía no tienen mucha confianza, pero en cuanto pueda estar a solas con Ana, lo primero que le dirá será: «¿Cómo puede ser que tu hijo haga una cosa así?».

Que un hijo haga algo no significa que el progenitor esté de acuerdo. Por eso, antes de reprochar, debemos preguntar: «¿Estás de acuerdo con la actitud de tu hijo?».

Por lo general, detrás de un hecho llamativo, existe una intención de llamar la atención y una costumbre adquirida de hacerlo.

Dentro de las posibilidades que encierra la historicidad en este caso de Martín, podría ser que:

- Sus abuelos siempre le festejaron su sonora expresión de satisfacción y le resulta gracioso.
- Siempre tuvo una relación tirante con su padre, y ahora está probando límites con Carlos.
- Desde los doce años tiene un problema de salud y no lo puede evitar.

Para cada caso, la solución sería diferente. Y si existe un buen diálogo entre la pareja, con seguridad se podrá llegar a una decisión consensuada de límites para esta acción de Martín.

A mí me parece que regalarle una cámara es demasiado.

Llega el cumpleaños de Flor, de diez años, la hija de María. Ella trabaja a tiempo completo y decide regalarle una cámara fotográfica. Es un regalo importante dentro de la nueva economía. Sin embargo, para su esposo es un gasto excesivo.

En este caso hay que ir más allá del regalo de la cámara fotográfica y dedicar un tiempo a conocer cómo fue la historia de cada uno de la pareja en cuanto a los regalos que recibieron de niños o cómo fue el aspecto económico en la relación de pareja anterior.

Los temas económicos con relación a los hijos son una de las principales causas de fracasos en las familias ensambladas.

El comedor quedó hermoso pintado de naranja.

David tuvo un sábado muy largo. En el trabajo realizaron el recuento de mercadería de fin de año y terminó tarde.

Él vive con su hijo y su nueva esposa en una pequeña casa que les regaló la abuela de David. No es muy cómoda, pero a él le gusta mucho dado que le trae muy buenos recuerdos de cuando vivía con sus abuelos, los cuales lo criaron como a un hijo.

Cuando llega a su casa, la esposa y su hijo lo esperan con una sonrisa enorme en el porche de entrada. Él, sorprendido de tanta alegría, entra a la casa y con una gran sorpresa nota que el comedor ya no tiene las paredes recubiertas de madera enchapada con raíz de nogal, ahora están pintadas de color naranja. Además, en el lugar donde se hallaba la silla mecedora de su abuelo, ahora hay un moderno sillón de acero, ideal para jugar con el PlayStation.

Es cierto que a su hijo le costó mucho trabajo pintar esas paredes. También es cierto que comprar el sillón nuevo le costó mucho dinero a su esposa. Sin embargo, calmar la furia de David también va a costar mucho. ¿Sobre qué temas habría que hablar una vez que David esté un poco más calmado?:

- En su relación anterior, la esposa no tuvo posibilidad de cambiar nada en su casa, y como David siempre le elogió su capacidad de combinar los colores, decidió darle una sorpresa.
- Para su hijo se trató de una experiencia única, ya que su mamá nunca le hubiera permitido pintar nada.

- David jamás les contó lo importante que era para él mantener la decoración de los ambientes tal cual estaban cuando era pequeño.

¿A qué hora vamos a mandar a la cama a los chicos?

Este caso es muy clásico. Y también fue nuestro caso. Yo (Andrés) tengo a mis tres hijos acostumbrados a acostarse sin mucho control del horario, mientras que Haydée habituó a sus hijas a acostarse temprano, dado que al día siguiente debían ir a la escuela. Mis hijos también iban de mañana a la escuela, pero equilibraban su cuota de sueño con una buena siesta.

Cuando nos casamos y comenzó el período escolar, comenzó también una etapa de ajustes de horarios. Yo entendí que mis hijos debían descansar mejor y Haydée comenzó a flexibilizar sus horarios de ir a la cama.

Después de explicarnos cómo fueron las costumbres en nuestras respectivas experiencias anteriores, decidimos que teníamos que generar una nueva costumbre que redundara en el beneficio de los chicos y no tanto en respetar la historia de ambos.

Con estos pequeños ejemplos vemos la diferencia entre la historicidad de una pareja en una familia nuclear y una ensamblada. En el caso de una pareja nuclear existe una historicidad familiar como la tenemos todos. No obstante, para la pareja de una familia ensamblada la historicidad está determinada por la forma en que criaron a los hijos y cómo fue la relación de la pareja en el momento de consensuar (o no) las pautas de convivencia familiar.

b) Minifamilias

Para ejemplificar el caso de las minifamilias y la familia ensamblada utilizaremos una bisagra.

La misma está formada por dos piezas con diferentes nombres, cada una tiene su nombre propio: familia Pérez y familia García. Para funcionar apropiadamente la una con la otra, necesitan de un tercer elemento, un perno al que le llamaremos diálogo, respeto y amor. Las tres piezas juntas forman una familia ensamblada. Recién ahí cumplen la función de una bisagra y sirven para abrir y cerrar puertas y ventanas.

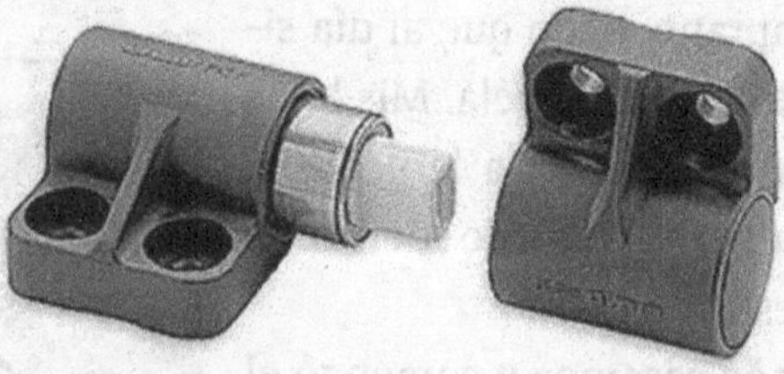

El concepto de minifamilia va íntimamente relacionado con el de historicidad. Nosotros ya vimos en el capítulo 1 que cuando una pareja se disuelve (por viudez, separación o divorcio) pueden generarse las familias binucleares (aquellas en que un papá y una mamá viven en casas distintas y uno de ellos tiene a su cargo a los hijos) o las mononucleares (que son aquellas en que un progenitor no está debido a la viudez o a la condición de madre soltera).

En los dos casos, y después de un tiempo, las costumbres y pautas de convivencia se hacen fuertes y distintivas de ese núcleo familiar.

Al comenzar una nueva familia ensamblada, ya existen (por historicidad) un cúmulo de costumbres preestablecidas. Al vivir juntos, estas costumbres generan conflictos y se producen los famosos dos bandos.

Por ejemplo, para un bando, una cámara puede ser un regalo lujoso, pero para el otro el regalo es una forma de ver un progreso. A un bando le gustan los cambios y al otro que se le consulte todo antes de realizar cualquier variación.

Dentro de las etapas de ensamblaje vimos que la segunda etapa, en la que la relación avanza a empujones, se caracterizaba por las discusiones entre los dos bandos, las minifamilias.

En una relación de pareja nuclear las minifamilias están representadas por los familiares directos de cada uno de los cónyuges. En las familias ensambladas también, pero hay que sumarles las que surgen de alianzas internas entre los hijos y su progenitor.

Cuando comenzamos el capítulo nos preguntábamos: *¿Somos dos familias o una sola?* En realidad en un principio son dos familias con sus costumbres, horarios, formas de levantarse, acostarse, comer, lavarse o no los dientes, etc., las cuales con el tiempo y después de las etapas que vimos en los capítulos anteriores llegan a ser una sola familia. Sin embargo, cabe destacar algo muy importante: Nunca más van a volver a ser una familia nuclear. Cuando terminen su proceso de ensamblaje serán una familia ensamblada con las nuevas pautas de convivencia acordadas, que serán diferentes a las que tenían cuando eran dos minifamilias.

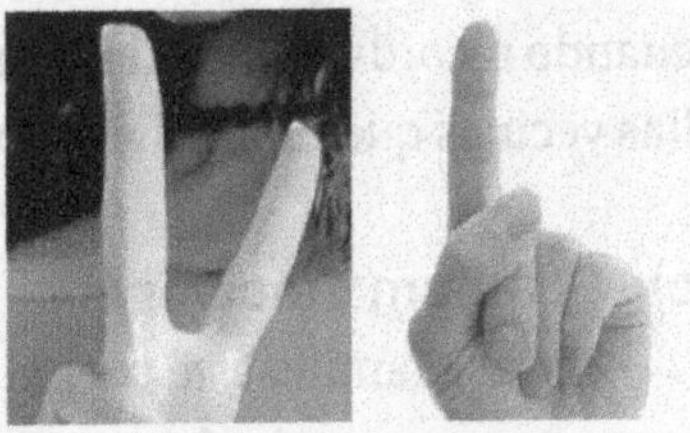

En el ejemplo inicial que pusimos de una bisagra hacíamos referencia al eje que une a las dos partes, formado por el respeto, el diálogo y el amor. Van a existir muchas experiencias en las cuales la bisagra va a trancarse, pareciera que se oxida, que no gira, que ya no se articula más.

En casa, algunas puertas hacen ruido cuando las abrimos, de modo que me voy al garaje, traigo un líquido especial que lubrica esas bisagras, y entonces de nuevo las puertas pueden abrirse y cerrarse sin ruido.

Nuestro lubricante por excelencia es un fluido que tiene dos componentes: respeto y diálogo. No importa el orden en que los pongamos, pero ambas cosas tienen que estar presentes.

Cuando un problema de convivencia aparece, es necesario hablarlo, hacer referencia a él de una forma explícita. El detalle radica en que al ponerlo en palabras debe ir acompañado de respeto.

Para ejemplificar este tema sería interesante analizar cómo le pediríamos a un vecino a quien no conocemos mucho que mande a su hijo de dieciocho años a bajar la música que está escuchando a muy alto volumen. Podríamos decirle: «¡Oye, vecinoooo, dile al maleducado de tu hijo que apague ese equipo o si no se lo rompo todo!». O quizá: «Disculpe, Sr. Gómez, podría tener la amabilidad de decirle a su hijo que escuche la música a un volumen que no llegue a molestarnos, por favor. Muchas gracias».

Diálogo, respeto y amor: Se logran muy buenos resultados cuando recordamos que las minifamilias no son más que dos familias vecinas que están viviendo juntas.

c) El álbum emocional

Toda la familia está reunida en la mesa para cenar. En ese momento se aprovecha la oportunidad para hablar de las próximas vacaciones que van a tener en familia. Ahí es cuando uno de los chicos dice: «Mamá, ¿te acuerdas de la vez que fuimos a Mar del Plata con papá y los abuelos?».

Y a partir de ahí se comienzan a relatar muchas historias, a describir imágenes mentales, a hacer anécdotas y bromas, y a hablar de un montón de cosas que configuran un álbum emocional de esa minifamilia. Puede que la otra parte también agregue alguna anécdota similar vivida en otro marco familiar.

Esta situación se asemeja a la experiencia de dos niños mostrando sus álbumes de figuritas, en los que puede haber alguna figurita igual a la del otro, pero sin dejar de ser dos álbumes y cada uno con su dueño.

Podríamos suponer que con el solo transcurrir del tiempo llevando una vida de convivencia aparecerán fotos de la nueva familia. Esto puede ser cierto, pero por lo general son fotos de nuevos problemas que se compartieron y no de buenas experiencias.

Por eso es que resulta vital atesorar fotos que permitan que la nueva pareja no se sienta fuera del nuevo contexto familiar. Y estamos hablando de fotos mentales más que de las de papel fotográfico.

Sin embargo, es muy normal que el nuevo esposo que entra a la familia de su esposa que ya tiene hijas encuentre que en las paredes o sobre la chimenea existen muchas fotos, pero él no está en ninguna. O peor, en algunas se encuentra el antiguo esposo de ella con toda la familia.

También es posible que cuando vaya a visitar a sus nuevos suegros y tomen un café en la sala, todavía estén las fotos del casamiento de su actual esposa con el padre de las chicas. Y quizá no las quiten nunca, dependiendo de la relación que construyan.

Tomar fotos es una tarea que recae principalmente en la pareja. Es su responsabilidad buscar momentos que se puedan recordar con afecto, con una sonrisa, o mejor aún con una carcajada.

No se trata de nada rebuscado. En nuestro caso usamos una técnica llamada tareas cruzadas.

Lo que hicimos fue cruzar actividades con nuestros hijos, es decir, en vez de que Andrés llevara a sus hijas a comprar ropa, lo hice yo. Y cuando hubo que sentarse a explicarles la tarea a mis hijas, lo hizo Andrés.

Recomendamos realizar tareas como elegir una película e ir todos, visitar un parque de diversiones, acudir al médico juntos, preparar una cena especial entre todos, tomar helado y ver un programa favorito con toda la familia.

Una vez que ya se puede empezar a hablar de algunas de estas experiencias en grupo, comienzan a surgir elementos que llevan a unir a la familia con un sentimiento de pertenencia, de tener recuerdos en común.

Compartir estas experiencias, así como las nuevas fotos familiares, también tiene otro efecto: la comparación con alguna historia anterior vivida como minifamilia. Esto es algo positivo, ya que nos lleva a escuchar la historia de algún integrante de la familia en el ámbito de un diálogo fluido, permitiéndonos comprender los sentimientos que involucran estas historias.

Escuchar historias difíciles también genera conexión, empatía y otros sentimientos entre los miembros de la familia. Existen costumbres propias que han sido vividas y que el nuevo integrante no conoce, de modo que puede averiguarlas para integrarse.

CONCLUSIÓN:

Las estructuras de las familias nucleares y las ensambladas se diferencian especialmente por su historicidad.

El fenómeno de las minifamilias que conviven bajo un mismo techo también es una de sus características.

DESAFÍO:

No hay que perder un instante más y empezar a tomar fotos que puedan fortalecer la idea de conexión y empatía que tanto necesitamos para lograr una familia ensamblada sana.

He aquí algunas sugerencias:

- Asistir a actos estudiantiles sin avisar, de sorpresa.
- Organizar una cena de gala en el hogar, con velas y un menú especial, invitando a los chicos a que se vistan elegantes mientras los padres hacen de anfitriones.
- Acompañarse unos a otros a las entrevistas con el médico.

- Revisar las carpetas de la escuela de los chicos (sin retarlos).
- Que algún adulto enseñe algo, como por ejemplo a tocar un instrumento, hacer una reparación hogareña, preparar una receta o decir frases en otro idioma.
- Para los más valientes, monten una coreografía entre varios, y si no saben bailar, mejor. El resultado va a ser mucho más divertido. Se aconseja tener a la mano una cámara fotográfica.

CAPÍTULO 7

Mitos: ¿Verdadero o falso?

—Se dice que la mitad de los matrimonios terminan en divorcio.

—Peor es lo que le sucede a la otra mitad, que termina con la muerte de uno de los cónyuges.

En capítulos anteriores vimos la cantidad de costumbres diferentes en cuanto al matrimonio y el divorcio que existían en las diferentes culturas. Esto además nos lleva a pensar que en nuestra sociedad también existen leyes, costumbres e ideas preestablecidas sobre el matrimonio.

El problema es que tendemos a suponer que una familia ensamblada es una simple extensión o un segundo intento de formar una familia nuclear. ¡Inmenso error!

La definición del término *mito* según el Diccionario de la Lengua Española, en su segunda acepción, afirma que es *una historia ficticia.* Y de eso se trata, de historias ficticias. Por ejemplo:

a) La segunda vez es igual que la primera, pero con más experiencia

Este es uno de los peores mitos. Básicamente porque el éxito de una familia ensamblada se basa en saber reconocer las diferencias entre un hogar nuclear y uno ensamblado.

Para graficarlo, vamos a dar un ejemplo: Hay dos equipos en una cancha. Ambos tienen en común los siguientes elementos:

- Pantalones cortos.

- Camisetas con números y nombres.
- Un director técnico.
- Un preparador físico.
- Un montón de pelotas para precalentar.
- Una multitud de fanáticos con sus respectivas banderas.
- Son un club de primera línea.

¿Alguien podría objetar algo antes de que el partido comience? Entonces se inicia el juego y el árbitro en el segundo inicial cobra penal y detiene el partido. Ambos equipos se enfrentan enojados, unos gritando por la injusticia recibida y los contrarios defendiendo su derecho a patear el penal. ¿Qué sucedió?

Un equipo era de voleibol y el otro era de fútbol. Compartían muchas características similares, la indumentaria, los técnicos, los fanáticos, pero diferían en un gran detalle: las reglas del juego.

Cuando una familia ensamblada quiere jugar a la convivencia con las reglas de la familia nuclear, seguramente existirán muchos penales y patadas.

Este libro intenta explicar las reglas de juego del ensamblaje.

Para que quede bien clara la diferencia, podríamos citar un diálogo que ocurre exclusivamente en una familia ensamblada:

—Inés, hace mucho frío y no estás abrigada como para salir a la calle —dijo Carlos.

—No tengo frío —respondió Inés.

—No eres muy responsable si sales sin ponerte el abrigo —replicó Carlos elevando la voz.

—Y tú no eres mi papá para mandarme —gritó Inés.

Ambos tienen razón. Resulta evidente que hay que aprender a utilizar alguna herramienta exclusiva de las familias ensambladas para evitar un asesinato en masa.

b) Las madrastras son unas brujas

Digamos que el apoyo científico de semejante declaración puede ser sostenido solo por un personaje histórico como Cenicienta.

También nos parece que el término madrastra conlleva una imagen negativa. En este caso, estamos de acuerdo en que el mito tiene un apoyo en lo verbal. Por eso es que nos inclinamos más a llamarla madre afín.

Como ejemplo de lo extremo que era el concepto en la antigüedad podemos citar un escrito de 1890: «La ausencia del padre o la madre, la presencia en el hogar de un padrastro o madrastra, son condiciones eminentemente favorables a la eclosión y el desenvolvimiento rápido de los malos instintos. Despreciado y maltratado, el hijo se aleja del hogar, pasa días enteros sin entrar a la casa y abandona de forma definitiva el techo paterno. Lejos de intentar la menor diligencia para hacerlo volver, la madrastra se siente feliz de haber logrado el alejamiento del hijo que no es suyo y que cuesta alimentar. De esta manera, arrojado a la calle, el desdichado establece relaciones funestas que lo conducen rápidamente a los tribunales».

Los que vivimos en familias ensambladas somos consientes de que la mujer que cumple el rol de madre en un hogar puede que no sea la progenitora de los hijos que tiene a cargo. Sin embargo, también vimos que una familia se genera cuando a sus integrantes se les brinda amor, abrigo, comida, educación y contención espiritual. Y en muchos casos tales funciones están mejor desempeñadas por una madre afín que su misma madre biológica, lo que no quita que la madre afín nunca va a reemplazar a la madre biológica por más errores que esta última tenga.

c) La familia ensamblada con una persona viuda es mejor que con una divorciada

Dejando a un lado las discusiones que genera el segundo matrimonio entre personas divorciadas, podemos decir que un matrimonio con una persona que ha enviudado tiene un grave problema que resolver.

Cuando uno se separa o divorcia, el recuerdo que tiene de la persona que compartió su primer matrimonio no es el mejor. Entonces, en los momentos en que la pareja habla de sus experiencias anteriores, el cónyuge actual por lo general supera al anterior. En el caso de la gente que enviuda, se tiende a recordar solamente lo bueno. Y esta comparación es difícil de compartir dado que la otra persona ya no está para comprobarlo. No debe haber nada más difícil que sentirse comparado con alguien que ya no está presente.

d) La relación de mis hijos con mi nuevo esposo va a ser obviamente mucho mejor que la que tienen con su padre borracho

Aunque resulte extraño, la relación de los chicos con el padre borracho quizá no solo sea buena, sino que mejore mucho.

Sin embargo, ¿cómo es posible que unos chicos que han sufrido los rigores de un padre vicioso elijan estar con su difícil padre biológico en vez de con el padre afín, que por su parte los trata muy bien, los respeta, les da un nivel económico mejor y se esfuerza por mejorar la relación entre ellos?

Los hijos de padres separados muchas veces van a elegir al progenitor que queda en una posición más débil, aunque sepan que haya sido la propia persona la que se buscó esa situación. Por lo general, estas no son decisiones pensadas, sino sentidas.

Un tema que aparece en estas situaciones es la culpa. El hijo pudo haber escuchado frases como:

- «En un final yo me la pasaba peleando con tu madre por tu culpa».

- «Está bien, anda con tu madre y ese tipo, déjame solo, yo me las arreglo bien».
- ¿Así que prefieres a ese hombre antes que a tu padre?

Es muy difícil saber hasta dónde un niño, adolescente o joven puede vivir equilibrado teniendo semejantes sentencias en su conciencia. Todos sabemos que es injusto, pero de que sucede, sucede.

La madre que sepa esto de antemano va a poder comprender este período y no va a llenar la relación de expectativas falsas. Puede pasar mucho tiempo hasta que los hijos disfruten de su relación con el nuevo padre afín.

e) Los chicos cuyos padres se divorcian y se casan de nuevo quedan dañados para siempre

«No te separes, porque si no tus hijos van a sufrir para toda la vida y van a terminar drogadictos o ladrones». Aunque suene exagerado, hemos escuchado este tipo de frases con mayores o menores matices.

Encima de la montaña de sentimientos encontrados que genera la separación, existe gente que le agrega varios kilos más de suposiciones escatológicas.

Estamos muy al tanto de las consecuencias del divorcio en los niños y adolescentes. Las hemos experimentado y las seguimos viviendo. Y sabemos que para cada edad hay diferentes reacciones.

También es normal que se encuentren desorientados y confundidos. Sin embargo, no creemos en lo absoluto que los daños sean eternos. Así como tampoco creemos que aunque la muerte de un progenitor sea algo bien difícil de superar, también dañe a los chicos para siempre.

Nuestra postura personal es que al apostar a una nueva relación sana tenemos la oportunidad de transmitirles a nuestros hijos que el fracaso de la anterior relación no nos dañó para siempre. Que vamos a tener que enfrentar muchas situaciones límites en la vida que nos marcarán a fuego, pero vamos a poder superarlas.

No queremos que confundan dolor con daño. El dolor es inevitable. Es algo que solo el que lo vive lo conoce. Con todo, una relación personal con Dios y el tiempo son fundamentales para seguir adelante en la vida ante situaciones límites.

f) ¡Cada vez que salimos juntos la pasamos muy bien, vivir juntos también va a ser bueno!

El hecho de haber salido treinta y dos veces al cine, catorce de excursión, tres a un parque de diversiones y haber disfrutado durante quince días de vacaciones compartidas no garantiza nada.

La principal diferencia radica en las pautas de *convivencia.*

Lo de ser buena onda funciona por períodos cortos. Y en una familia ensamblada estándar, se alterna con erupciones volcánicas interpersonales.

Es absolutamente necesario el buen humor y un ambiente relajado. No obstante, para poder avanzar con firmeza se necesitan pautas claras, que surjan del diálogo.

g) Por fin mis hijos van a tener un padre de verdad

Todos nacemos de un padre y una madre. Otro tema es la calidad de progenitor que sea cada uno.

Es entendible que muchas madres que han sido abandonadas y maltratadas junto con sus niños, al encontrar a una pareja que ama y respeta a sus hijos, quieran reemplazar al padre biológico por el afín. Resulta entendible, pero no recomendable. Al formar una pareja de nuevo, *nunca* se anula la paternidad o maternidad de nadie.

El padre, siempre será el padre. La madre siempre será la madre.

Conocemos casos en los que cuando la pareja se une, los hijos son muy chicos, de dos o tres años, y se acostumbran a llamarle «papá» al esposo de su madre, en especial cuando el padre biológico desaparece y no tiene contacto con los chicos. Cada familia genera sus propias pautas de convivencia, sin embargo, nosotros recomendamos que cada hijo sepa quién es su padre biológico.

María, de treinta y ocho años, había criado a la hija de su pareja durante ocho años. Cuando ellos se casaron, él tenía a su cargo a una bebé de un año y un mes. La madre de esa niña había abandonado el hogar y a su hija para irse con otro hombre.

María fue una madre ejemplar, cuidando de esa niña cada día con mucho esmero y amor. Un día, su hija le preguntó por qué no tenía fotos de embarazada. Y María no supo qué contestarle. Tenía terror de que la niña supiera que ella no era su madre.

María supo cumplir muy bien el *rol* de madre, pero si un día la madre biológica apareciera, esa niña tendría un grave problema que resolver. Así que se le recomendó hablar con su hija afín y contarle la verdad. Esta verdad no las separó. Fue difícil, pero valió la pena. Hoy María sigue siendo su mamá del corazón.

CONCLUSIÓN:

La sociedad es la fábrica de mitos por excelencia. Ella se encarga de regir, mediante una infinita lista de sugerencias, lo que hacemos todos los días.

Nuestro problema está en saber diferenciar entre una verdad y un mito. En este capítulo vimos unos pocos de estos últimos. Y cada día que vivamos en familia vamos a poder diferenciar la verdad del mito y deshacernos de ellos.

DESAFÍO:

Puede hacerse en una reunión familiar o a través de charlas por separado. No importa mucho la forma en que se lleve a cabo, pero sí interesa conocer las expectativas que tenía cada uno antes y durante la formación de la familia ensamblada, para después darse cuenta de si era un mito o una realidad.

Se pueden hacer una serie de declaraciones que tengan la estructura de: «Yo esperaba... y resultó que...».

CAPÍTULO 8

¿Y ahora quién manda en esta casa?

—¡Ay, mamá, no sé si casarme con el contador o con el militar! —le dice muy confundida una joven a su madre.

—No lo pienses más, hija, cásate con el militar, saben cocinar, tender la cama y recibir órdenes.

La definición misma de familia ensamblada presupone que existió otra formación familiar anterior. Y cuando hablamos de formación familiar, nos referimos a que también había reglas de convivencia. No obstante, si ocurrió una separación, divorcio o algo similar, es seguro que se presentaron problemas con el respeto de esas reglas, en especial de parte de los adultos.

Así que ahora vamos a vivir todos juntos, con reglas anteriores diversas y figuras de autoridad cuestionadas.

¡Vamos, anímate, se puede!

a) Reglas de convivencia. Diálogo y consenso

Fieles a nuestros principios, entendemos que las reglas son necesarias dentro de un marco de diálogo y consenso.

Es cierto que las reglas deben ser quienes dirigen nuestras conductas, pero en las familias ensambladas esto es un poco más complejo.

El diálogo:

No pretendemos que se organice una reunión familiar para discutir cuáles son las reglas a seguir en el hogar. Podríamos estar

dialogando días enteros sin ningún resultado concreto, sobre todo si en la casa viven adolescentes.

Digamos que el diálogo más importante debe ser entre la pareja. Hay muchas prácticas anteriores, muchos aciertos y desaciertos que van nutriendo la nueva lista de reglas que va a seguir esta familia. Así que tienen que dedicarse el uno al otro un tiempo específico. Solos. Sin compañía. Y en caso de que no haya acuerdo, consultarlo con alguien a quien se le considere una autoridad en el tema.

Una vez que se llegó a un acuerdo en cuanto a alguna regla específica, debemos pasar al consenso.

El consenso:

Ahora sí sería bueno aprovechar algún momento que estén todos los de la familia para comunicarles la nueva pauta. El consenso se logra cuando uno expresa una regla con claridad, brevedad y dando un motivo específico.

Por ejemplo:

Cuando uno termina de bañarse, hay que dejar el baño ordenado, porque así nos gusta encontrarlo.

Es una regla clara: Cualquier niño o adulto la entiende.

Es breve: Abarca dos renglones.

Tiene un motivo: El próximo en bañarse puedo ser yo.

Las reglas tienen más probabilidad de poderse cumplir cuando no afectan alguna práctica anterior. En los casos en que una regla implique que alguna de las minifamilias tenga que cambiar algo a lo que ya estaba acostumbrada, se necesita trabajar más en el consenso. Y para lograr el consenso hay que ser flexibles.

Esto no significa que hay que hacerse el de la vista gorda cuando no se cumplen las reglas, sino que hay que estar preparados para ir actualizándolas, modificándolas o reforzándolas.

También hay ciertas normas que los adultos deben tener muy en cuenta antes de ponerse a dialogar con la familia:

- Mantener un tono calmo. No levantar la voz.
- Escuchar los puntos de vista a favor y en contra sin interrumpir.
- Usar un tono positivo. No retar. (Si hacen la tarea del día, pueden usar la computadora).

Animémonos a ser un poco más democráticos con las reglas. No estamos para imponer una disciplina, sino para educar. Podemos organizar una reunión en la que todos los chicos expongan sus gustos en cuanto a dónde ir el próximo domingo, y luego los padres evaluarán los costos.

También hay que ser consientes de que a medida que los hijos crecen, las reglas deben cambiar. No debe fijársele una misma hora de regresar a casa a una niña de diez años que fue al parque, que a un hijo de dieciocho años que salió con sus amigos en su auto.

b) ¿Hay dos casas y dos reglas o una sola?

No nos olvidemos de que los chicos también pueden tener dos casas. Y en realidad, ellos están acostumbrados a convivir con diferentes reglas para diferentes ámbitos.

Por ejemplo:

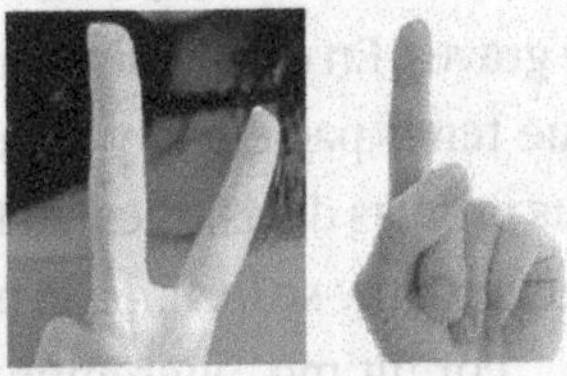

- En un diálogo entre dos amigos durante una cena en la casa de uno de ellos. Regla: HABLAR CALMADOS.
- En un diálogo entre dos amigos subidos a un carro en una montaña rusa. Regla: DAR ALARIDOS.
- En un diálogo entre dos amigos en la puerta de la dirección de la escuela. Regla: MANTENERSE EN SILENCIO.

Esta diferencia de reglas no los convierte en «esquizoadolescentes». Simplemente saben que en diferentes ámbitos hay diferentes reglas. Lo difícil es cuando ante una misma situación existen prácticas muy diferentes. Aquí hay que ser claros.

Por ejemplo:

- En esta casa, cuando se termina de almorzar, todos colaboran con algo de la limpieza.
- En la casa del padre biológico, siempre es él quien se encarga de la limpieza.

Debe haber respeto por las diferentes costumbres, y cada casa tiene las suyas y hay que respetarlas. De no hacerlo, es como si pretendiéramos modificar las costumbres que tienen en una casa a la que nos invitaron a cenar. Jamás se me ocurriría decirles lo que tienen que hacer.

Sin embargo, lo que sí trae un serio conflicto es cuando en una casa se descalifican o ridiculizan las reglas que tienen en la otra casa. Esto sucede cuando se trata de personas controladoras que creen que su punto de vista es el único y el verdadero.

¿Qué hacer cuando consideramos que las reglas que se practican en la otra casa van a afectar la moral o la crianza del niño?

En primer lugar, si estamos frente a un problema que amenaza la integridad física y mental del niño, se debe pedir la custodia. No obstante, esto debe hacerse siempre que se trate de casos realmente graves. En ciertas situaciones complejas, pero menos graves, hay que tener paciencia y esperar a que los chicos maduren y tomen sus propias decisiones. Al final, los buenos consejos son los que se recuerdan y se llevan a la práctica.

Por último, queremos valorar a las parejas que a pesar de haberse separado se consultan mutuamente con relación a los problemas de convivencia de sus propios hijos, aunque ya no vivan juntos. Esto es una evidencia clara de que existe una coparentalidad adulta y responsable.

Por ejemplo: Evelyn tiene once años. En la escuela está pasando por una situación muy complicada. No estudia, no participa, no avanza. La madre ya intentó con varias «consecuencias» a fin de que Evelyn cambie su postura. Así que decide hablar con el padre de la niña para elaborar un plan a seguir en conjunto. Al final, deciden cambiarla de colegio y brindarle apoyo sicológico de modo que pueda expresar lo que ellos no logran que exprese. Esta decisión que han tomado en conjunto va a ser muy buena para la adolescente.

c) Me hago cargo

La Asociación Argentina para la Infancia tiene un póster muy interesante donde reza:

1. ¿Encendió? Apague
2. ¿Abrió? Cierre
3. ¿Desarmó? Arme
4. ¿Rompió? Arregle
5. ¿Ensució? Limpie
6. ¿No sabe cómo funciona? No toque
7. ¿No sabe hacerlo mejor? No critique
8. ¿No vino a ayudar? No moleste
9. ¿Pidió prestado? Devuelva
10. ¿No le pertenece? Pida permiso
11. ¿Habló? Hágase cargo
12. ¿Prometió? Cumpla
13. Siempre pida: «Por favor»
14. Y siempre diga: «Gracias»

Cortito y claro.

Más que de disciplina, nos gusta hablar de las consecuencia de nuestros actos. Me hago cargo. Cuando existen reglas, hay que cumplirlas. Y si no, nos debemos atener a las consecuencias.

No hay que confundir hablar de las consecuencias con retar. El hecho de desafiar a los chicos hace que obedezcan con resentimiento, enojo o vergüenza. O simplemente provoca una rebelión.

Por eso es tan importante el consenso antes de imponer una regla. Puede ser que a la persona que no se atuvo a la regla no le guste la consecuencia, pero lo que no puede decir es que no la conocía. Hacerse cargo es una tarea que va mucho más allá de la simple obediencia.

Si logramos que los integrantes de una familia puedan convivir con esta postura, estaremos criando a personas responsables en muchas otras áreas de la vida.

CONCLUSIÓN:

Las reglas se han inventado para cumplirlas o romperlas. Asumamos que vamos a lidiar con los dos extremos. Puede que en algún momento pierdas un poco la paciencia. Sin embargo, lo que no podemos perder es el rumbo. ¡Así que vamos a lograr ser una familia ensamblada sana con sus propias reglas, las cuales habremos establecido entre todos!

DESAFÍO:

He aquí algunas cosas que debes hacer:

- No pretendas cambiar el mundo en un día.
- Ve al supermercado y compra doscientos kilogramos de paciencia de varios colores y formas a fin de aplicarla en el momento justo antes de ver los resultados.
- Tala un árbol a la vez, no vaya a ser que mientras estés cortando uno, te aplaste otro. Define en qué área empezar a trabajar y trata de que haya suficiente coparticipación.
- Y por último, el desafío más difícil: sé ejemplo de lo que exiges.

CAPÍTULO 9

¿Discutir es pelear?

—Ayer tuve una fuerte discusión con mi madre —le cuenta una vecina a la otra.

—¿Y ahora qué vas a hacer?

—Me regreso a casa con mi marido.

Nacemos negociando. Desde que somos bebés, lloramos para conseguir comida, atención, mimos, etc. Y cuando crecemos, también nos mantenemos negociando todo el día:

- «Hoy déjame pasar al baño primero, que me tengo que ir temprano».
- «Préstame el paraguas y yo te doy mi cartera».
- «Quédese con el cambio, que estoy apurado».
- «Trae dos vasos y comparto contigo mi refresco».

A nadie le gusta vivir en conflicto permanente. Así que vamos a repasar algunos puntos que hemos aplicado directamente en nuestra familia (recordemos que somos siete integrantes con las edades de diez, trece, dieciséis, dieciocho, veintiuno, cuarenta y cuarenta y siete años).

a) Definir los temas y las personas involucradas

Es muy bueno definir un tema claramente. Y hacerlo un tema a la vez y con las personas que corresponda. Pretender negociar muchos temas es algo arduo y muy difícil de concretar.

También es importante definir con palabras bien sencillas el tema a negociar, ya que es habitual que cuando la negociación se complica, alguno de los implicados quiera salirse por la tangente. En ese momento es bueno retomar el tema que se determinó al principio. Por ejemplo, podemos decir: «No estamos hablando de qué ropa te vas a poner para salir, sino de si vas a salir o no».

Una vez que se define bien el tema, se pueden ir agregando otras cosas que van nutriendo las necesidades de cada uno. Una buena negociación es la que satisface varias necesidades de ambos lados.

En nuestro caso, estamos acostumbrados a negociar en pareja. O sea, nosotros dos nos hallamos de un lado y las personas de la familia con las que haya que negociar del otro.

Haydée es la que se encarga de recordar los detalles (algo importantísimo cuando se negocia con adolescentes), fechas y cantidades, mientras que yo hago de moderador y sugiero alternativas creativas.

También ayuda mucho que no haya personas que puedan opinar sin ser parte de la negociación. Los hermanos son bastantes curiosos. Les encanta estar cerca y opinar, o quedarse cerca de la puerta y escuchar, o esperar que termine la charla para encerrarse en la habitación y pedir: «¡Cuéntame todo lo que pasó!».

b) Los límites en la negociación

Los límites (desde un punto de vista evolutivo) fueron hechos para romperse.

Por ejemplo: Un muchacho de diez años quiere ir solo en ómnibus a visitar a un amigo que vive a mucha distancia de la casa. Por una cuestión de seguridad, uno puede buscar otras formas de que ese muchacho llegue a la casa de su amigo por otro medio que no sea viajando en ómnibus.

Ahora bien, cuando ese muchacho que nunca viajó en autobús crece y ya es padre de tres hijos, tiene fobia de ir a buscar trabajo en ese medio de transporte, dado que se quedó sin empleo y no puede usar más su coche. Sin embargo, tiene que superar su reticencia y hacerlo.

Evidentemente, los límites van cambiando a medida que las personas crecen. De hecho, hay que traspasar el límite de la talla cuarenta y dos de pantalones cuando se han aumentado diez kilos y la ropa no te sirve más.

Los chicos saben muy bien que los límites evolucionan y van a utilizar toda su inteligencia (son muy inteligentes para esto aunque las notas académicas digan lo contrario), su esfuerzo (mucho más del que usan para lavar los platos), así como también un poco de control y manipulación para lograr cambiarlos.

Estar preparados para una andanada de alternativas que permitan cambiar los límites es algo absolutamente normal.

Nosotros nos hemos enfrentado varias veces al hecho de establecer un límite en cuanto a alguna actividad para alguien en la casa, y permitírselo a otro por una cuestión de edades y responsabilidades asumidas.

c) Primero algo positivo

Una práctica que nos ha dado mucho resultado es comenzar con algo positivo, ya que en el momento de comenzar una negociación el clima no es por lo general muy distendido. Sin embargo, tampoco creemos que sea necesario convertir el asunto en algo divertido.

Una vez que definimos el tema y las personas que están presentes son las interesadas, es de mucha ayuda pensar de antemano en alguna virtud, algún hecho positivo, alguna buena actitud que haya realizado la persona con la que estamos negociando. Ya sea que se trate de la pareja o de los hijos, a todos nos gusta que nos reconozcan lo que hacemos bien.

En el mundo en que vivimos no le dedicamos mucho tiempo a analizar las virtudes ajenas. Y es más fácil llegar a un entendimiento cuando existe un buen clima.

d) Yo te doy y tú me das

En todo libro de negociación se nos enseña que el mejor resultado se obtiene cuando ambas partes ganan.

Hemos aprendido que en las familias nucleares los chicos aprenden a colarse por las fisuras que hay en las relaciones de los adultos para conseguir cosas, tiempo, viajes, dinero, etc.

En las familias ensambladas, las figuras de autoridad tienen una tarea más compleja todavía, por lo tanto puede que haya más fisuras en las relaciones entre los adultos, algo que los chicos aprovecharán para lograr sus objetivos.

Está muy bien que todos, niños y adultos, desarrollemos la capacidad de lograr nuestros objetivos. Sin embargo, es mejor cuando podemos lograr objetivos que nos satisfagan a todos por igual.

Por ejemplo:

—Papá, ¿podrías ir a buscarme a casa de mi amiga a las ocho?

—Sí, como no. ¿Y tú podrías barrer el patio trasero que está lleno de hojas?

Cuando decimos que yo te doy y tú me das, suena un poco frío y egoísta. No obstante, por lo general aceptamos hacer tareas cuando vemos que vamos a obtener un resultado concreto. Es decir, si le indico a mi hija que barra las hojas del patio, puede que lo haga con pocas ganas, pero si ella sabe que va a obtener algo a cambio, es diferente.

Ahora bien, aclaremos algo, no todo debe estar sujeto a una negociación, porque si no podemos caer en el esquema: «Te obedezco, ¿y tú qué me das?».

La idea de esta pauta es similar al listado que vimos en el capítulo anterior cuando hablábamos de hacernos cargo:

- Ensucié, entonces limpio.
- Desordené, entonces ordeno.
- Pido, entonces doy.

e) Ver un poco más allá

Cuando alguien asume una posición, siempre hay detrás un interés determinado. Es muy bueno no empecinarse tanto en mantener una posición determinada, porque muchas veces resulta irreconciliable con la posición de otra persona.

—Quiero hablar por teléfono.

—Yo también.

Y hay un solo teléfono.

La posición de ambas personas es que necesitan usar el teléfono en el mismo momento. Con seguridad existe un interés detrás de cada llamada que puede ayudarnos a decidir quién tiene la prioridad y qué puede hacer para hablar primero.

Detrás de un pedido siempre hay un interés. Y es de mucha ayuda averiguar cuál es.

—¿Por qué quieres tanto que te compre esa cartera y no te gusta ninguna de las que te ofrecí?

—Porque es igual a la que una vez me regaló mi papá y yo perdí. Y como ya han pasado dos años sin que lo vea, hace que me acuerde de él.

f) No eres mi papá

Este es un ejemplo típico de un conflicto que se da en las familias ensambladas.

En el capítulo 6 vimos un diálogo entre Inés y su padre afín que terminaba con esta frase. Y existen muchas ocasiones en las que los hijos de una familia ensamblada tienen la oportunidad de pensarla... y alguna que otras veces de decirla.

¿Qué responder a semejante verdad? Nosotros dos nos pusimos de acuerdo en responder algo como lo que sigue: «Es cierto, tienes razón (primero algo positivo), no soy tu papá. Lo que sucede es que un día tu mamá y yo (o tu papá y yo) decidimos vivir juntos. Y al vivir juntos nos comprometimos a cuidarnos de cualquier cosa mala que pueda sucedernos tanto a nosotros mismos como a nuestros hijos. Así que como me comprometí a cuidarte, no te digo que te pongas el abrigo porque soy tu padre, sino porque hace frío».

Veamos qué obtenemos con esta respuesta. En primer lugar, apartamos el enfoque de las personas y lo ponemos en un factor climático. Recordemos que el tema de la autoridad en las familias ensambladas es complejo y resulta bueno no entrar en discusión.

En segundo lugar, dejamos en claro que entre la pareja hay una unidad de criterios con respecto a lo que se va a hacer con los niños de la casa.

Y en tercer lugar, estamos cambiando la sensación de represión por una de cuidado. (Te tienes que poner la campera porque estoy cuidando de tu salud).

Conclusión:

Mi madre en una ocasión (Andrés) nos contaba que había asistido a una reunión de una orden franciscana y escuchado una charla única (y eso que mi madre es esposa de un pastor y ha oído miles de prédicas). Un sacerdote les enseñó sobre el don de escuchar.

Todos suponemos que escuchar implica utilizar el sentido del oído. Sin embargo, lo interesante de esta charla era que enseñaba a escuchar con la mirada, los gestos, los comentarios y los silencios.

Cualquier negociación o diálogo se basa en una correcta escucha.

Desafío:

Aquí te presentamos algunas actitudes que no debes olvidar mientras alguien está hablando:

- Míralo a los ojos.
- Permanezcan ambos parados o ambos sentados.
- Una vez que escuches el punto de vista de la otra persona, pregunta: «A ver si te entendí bien, ¿me dijiste que...?».

- Cuando alguien termine una frase, espera unos instantes antes de responder.
- Pregunta qué sintió mientras vivía la experiencia que relata.
- Cuando estás conversando con una persona tímida, anímala con frases como:

¡No me digas!
¡Qué bueno!
¡No lo sabía!
¡No te puedo creer!

CAPÍTULO 10

¿Cómo se reparten los gastos?

Dos amigos se encuentran.

—¿Y a ti cómo te va con todo esto de la crisis?

—La verdad es que ahora más que nunca duermo como un bebé.

—¿En serio?

—Sí... me despierto cada tres horas llorando.

a) ¿Qué piensa Dios del dinero?

Muchos cristianos piensan que a Dios no le gusta el dinero, que hablar de economía no está bien a los ojos de Dios. Sin embargo, la Biblia está llena de historias de bendición y prosperidad, como las de Job, José y Salomón.

En Proverbios 22:4 dice: «Riquezas, honra y vida son la remuneración de la humildad y del temor de Jehová». Y en Proverbios 28:19-20 se afirma: «El que labra su tierra se saciará de pan; mas el que sigue a los ociosos se llenará de pobreza. El hombre de verdad tendrá muchas bendiciones; mas el que se apresura a enriquecerse no será sin culpa».

¿Qué significa que el hombre de verdad tendrá muchas riquezas? Lo que yo entiendo es que la persona íntegra, fiel y digna de confianza será bendecida, tendrá un buen pasar. ¡Si amamos a Dios, esto es una promesa!

b) Preguntas frecuentes

Dicen las estadísticas que ocho de cada diez parejas que se separan vuelven a casarse. Y una persona separada o divorciada por lo general trae consigo obligaciones económicas de su separación. Más aún, trae hábitos y costumbres financieras acerca de cómo manejar el dinero y los gastos.

¡Si en una familia nuclear el manejo del dinero puede ser un tema de conflicto, imaginen lo complicado que puede resultar en una familia ensamblada!

- ¿Qué hacer con las deudas financieras anteriores a mi nueva unión? ¿Qué hago si mi nueva pareja trae también deudas de su relación anterior? ¿Cuál va a ser mi postura?
- ¿Qué pasa cuando mis hijos están acostumbrados a usar ropa de marca y los hijos de mi pareja no? ¿De ahora en adelante todos usarán ropa de marca? ¿Todos usarán ropa barata? ¿Un poco de una y un poco de la otra?
- ¿Y en cuanto al colegio? ¿Irán a uno privado o del estado? ¿Será igual para todos o cada uno seguirá como antes de casarse?
- ¿Y qué ocurrirá si alguna minifamilia está acostumbrada a darle a sus hijos dinero para gastos mensuales y la otra no?

Vayamos analizando los temas por partes.

c) Deudas previas a la nueva relación

Dialogando con respeto y honestidad, es necesario conversar sobre las deudas existentes que se hayan contraído con anterioridad. Es sano plantear la realidad de la situación de cada uno al momento de iniciar una nueva relación. Asimismo, es necesario asegurarse de que ya no queden cuentas en común con la pareja anterior, ya se trate de cuentas bancarias o tarjetas de crédito compartidas. La sanidad en la relación de pareja también pasa por el tema económico. Y queramos reconocerlo o no, todos tenemos arraigada la forma en que manejamos nuestra economía, la cual traemos con nosotros desde nuestra familia de origen y puede incluso estar influenciada por la relación anterior.

Existe la posibilidad de que alguno llegue a su nueva relación con deudas de abogados, colegios de los hijos, alimentos, cuotas de alquileres, hipotecas, etc.

Cuando hay un compromiso frente a una nueva relación, es sano para la pareja poner todos estos temas financieros sobre la mesa, conversar acerca de ellos y definir de mutuo acuerdo cómo manejarán esas deudas anteriores, elaborando un plan de pago y cancelación de deudas.

d) Nuevo plan económico

Luego hay que definir los nuevos compromisos económicos y de qué forma afrontarlos.

Es de vital importancia definir cómo se va a manejar la economía: si habrá una sola cuenta en común para la nueva familia; si se tendrán dos cuentas, una para cada mini familia; si habrán dos cuentas y un pozo en común, etc. En realidad no existe «una fórmula», porque así como cada familia es única, también lo es su economía. Lo importante es saber que si una fórmula o combinación no funciona, se puede probar con otra, y así hasta encontrar la adecuada.

Los ingresos de uno y otro miembro de la nueva pareja influyen mucho, así como si ambos trabajan y el porcentaje de aporte al nuevo hogar.

Si se elije tener cuentas separadas y los ingresos son muy diferentes, probablemente esto marque una gran diferencia en la forma de vida de cada minifamilia que convive bajo el mismo techo, y eso no será conveniente ni sano para la integración familiar.

Para ser bien clara, les cuento acerca de nuestra situación. Yo, Haydée, tengo dos hijas. Andrés tiene tres hijos. El padre de mis hijas está obligado legalmente a pasarles la manutención a sus niñas hasta que sean mayores de edad, existe una cuota alimenticia que él debe pagar. Y por sugerencia de mi abogada, más allá de la situación económica que nosotros vivamos, es sano y bueno para mis hijas que ellas sepan que su papá está aportando dinero para sus alimentos. A ellas les hace bien emocionalmente que eso ocurra. No importa demasiado el monto, sino la acción de parte del padre hacia ellas.

En nuestro caso, los hijos de Andrés viven con nosotros, de lo contrario, habría que pasarle una cuota alimenticia a la madre de los chicos a fin de comprar los alimentos de ellos.

No estaría bien de mi parte pretender que el día en que Andrés y yo nos casamos él se hiciera cargo de mis hijas y todas sus necesidades. Como tampoco estaría bien de parte de Andrés pretender que yo me haga cargo por completo de sus tres hijos solo porque nos casamos y vivimos todos juntos.

En una familia ensamblada es más que importante el buen diálogo acompañado del respeto mutuo. Ante todo, es conveniente expresar las expectativas que cada uno tiene con respecto a la economía. Y en esas expectativas se debe incluir todo lo que implique manejo de dinero: alimentos, ropa, colegio, salidas, vacaciones, etc.

También es común que una familia pase por diferentes situaciones económicas. Hay épocas de vacas gordas y épocas de vacas flacas. Y no siempre está José, el buen administrador, que guardó para la época de las vacas flacas.

Es sano reconocer las debilidades del uno y el otro, así como también las fortalezas.

El ser humano tiene la capacidad de adaptarse a las diferentes situaciones, nadie va a morir por tener que usar un pantalón o zapatillas que no sean de marca por un tiempo. Las personas enriquecen su carácter cuando tienen la posibilidad de experimentar diferentes situaciones. Y en especial uno aprende a valorar las cosas buenas cuando alguna vez no las tuvo.

Es preciso pedir ayuda profesional si se necesita. Es sano reconocer las debilidades y buscar una solución a las situaciones que puedan causar algún tipo de conflicto.

En nuestro caso, cuatro meses después de casarnos, yo (Haydée) me quedé sin trabajo. Tuvimos que afrontar todos los gastos y compromisos con los ingresos de Andrés solamente. Casi un año después, creamos nuestra propia empresa, ambos trabajamos y utilizamos un solo pozo en común, lo cual nos demanda mucho diálogo. No siempre estamos de acuerdo en todo, pero en todo momento tenemos claro que nuestra relación de pareja está antes que lo económico y lo familiar. Nuestro orden es: Dios, nosotros y todo lo demás.

e) Fallecimiento de uno de los cónyuges

Un asunto en el que se piensa poco o al que no se le presta mucha importancia, dado que uno está enfocado en la nueva familia y su futuro feliz, es el caso del fallecimiento del nuevo cónyuge. Es importante conocer las leyes del país donde se reside en cuanto a las obligaciones de un padre o madre afín con respecto a los hijos afines en caso de defunción del progenitor, así como también qué ocurre con la herencia y otras cosas

En Argentina carecemos de legislación para las familias ensambladas por el momento, y desconocemos las legislaciones en otros países de Latinoamérica y el resto del mundo, por ello recomendamos que cada uno consulte legalmente con algún abogado de familia (que son los que conocen más sobre esto) y estén al tanto de cómo actuar en caso del fallecimiento de uno de los cónyuges o ante cualquier duda que surja. Es mejor saber de más que de menos.

f) Los hijos y el dinero

El manejo del dinero con relación a los hijos no siempre es fácil. Es más sencillo ponerte de acuerdo con tu cónyuge sobre cómo administrar juntos que definir cómo será el manejo del dinero de los hijos de cada uno. ¿Qué es lo que cada uno considera justo y necesario? Aquí es donde vuelven a surgir las costumbres arraigadas que cada uno lleva a la nueva relación. Influyen mucho la crianza y la experiencia de vida en cuanto a lo económico.

Lo mejor es ponerse de acuerdo en privado y luego dejar que cada padre tome las decisiones con sus hijos. Y si las decisiones tomadas no se comparten, llegar a algún convenio en privado recordando siempre que el compromiso de pareja está primero en la relación.

g) Vacaciones

Está muy bien planificar las vacaciones. ¿Quién dijo que en las vacaciones familiares deben estar presentes todos los miembros de la familia ensamblada?

La diversidad es algo que caracteriza a una familia ensamblada. Diferentes opciones pueden ser: La pareja con los hijos de ella. La pareja con los hijos de él. La pareja con parte de los hijos de cada uno. En nuestro caso, algunas veces hemos tomado vacaciones en etapas. Pasamos cinco días con mis hijas y luego Andrés otros cinco días con sus hijos. Y también unos días con mis hijas y algún hijo de Andrés.

Alguien podría pensar que esas no son vacaciones. Yo también lo pensé alguna vez. Sin embargo, cuando se convive todo el año en una familia numerosa de siete miembros, es realmente necesario tomar vacaciones con esos miembros por separado. Las actividades y compromisos durante el año tal vez impidieron momentos de calidad con los hijos propios, de modo que las vacaciones son ideales y algunas veces hasta sanas para aprovecharlas a solas.

Las edades de los hijos tienen mucho que ver también en el momento del ensamblaje y las vacaciones.

En nuestro caso, como mis hijas son más chicas, les resultó menos traumática la presencia de Andrés en las vacaciones, por no decir que si no estuviera presente lo extrañarían. Para mis hijas, las salidas sin Andrés no son salidas. La pasamos muy bien juntos y nos divertimos.

Los hijos de Andrés son más grandes y llegaron a la familia ensamblada con una historicidad en la que estaban acostumbrados a pasar mucho tiempo de calidad con su papá, de modo que necesitan encontrar algunas ocasiones en las que puedan recuperar esos momentos. Por eso algunas veces optamos por vacaciones o fines de semana de ellos cuatro solos. Claro que Andrés y yo nos extrañamos durante esos días, pero hemos comprobado que han sido muy productivos para la relación.

CONCLUSIÓN:

Una de las mayores causas de problemas en las parejas es el factor económico. Y no se trata solo de dinero, sino de prioridades, miedos, inseguridades, placer y descanso. Son muchas las áreas que el factor económico afecta. En el capítulo anterior, bajo el punto «Ver un poco más allá», aprendimos que muchas veces un conflicto puede encerrar diferentes intenciones. Tenemos diferentes formas de organizar nuestra economía: juntos, separados o como mejor nos plazca. La mejor va a ser cualquiera que elijamos siempre y cuando no nos divida.

DESAFÍO:

La palabra *presupuesto* es mágica, y significa prever con anterioridad los gastos que sabemos que vamos a tener.

El desafío de elaborar un presupuesto quizá sea algo obvio para muchos, pero nosotros nos hemos encontrado con muchas familias que no tienen el hábito de planificar los gastos antes de incurrir en ellos.

En el caso de las familias ensambladas, la complejidad aumenta y es recomendable tener en cuenta todos los gastos posibles, en especial los de los hijos, y más si son adolescentes.

Así que comienza por los gastos fijos: alquiler, hipoteca, electricidad, teléfono. Continúa con los alimentos, la vestimenta, y luego pasa a los gastos variables como las salidas, los regalos, etc.

Hay mucha bibliografía que se puede consultar o sitios que nos pueden orientar.

¡El presupuesto es una excelente herramienta!

CAPÍTULO 11

¿Y si hablamos de sexo?

En el confesionario:

—Padre, vengo a confesarme porque cada vez que veo a un hombre me tiemblan las piernas.

—Pero, ¿cuántos años tiene, hermana?

—Ochenta y cuatro.

—¡Ah! Entonces no se preocupe, eso no es pecado, es reuma.

a) Camas reforzadas con el diálogo

Cuando una pareja se casa, se dice que en la cama no están solo ellos dos, sino que también se llevan algo de ambos padres.

Así que entre las sábanas están ella y él, pero asimismo se encuentran los consejos que le dio el padre al marido: «¡Hijo de tigre!». Y el esposo tiene que lidiar con las opiniones de la suegra tan temida: «Un poco bruto mi yerno...».

Además revolotean los dichos de la madre de él: «Espero que lo traten como se merece...». Y ni hablar del papá de la novia: «Más le vale que me la cuide si no...». Son seis en la cama.

¿Se imaginan la multitud de personas que habitan en la cama matrimonial de una familia ensamblada? ¡No hay cama que aguante!

¡Qué necesario es el diálogo entre los integrantes de la pareja en cuanto a sus expectativas, sus miedos, sus preconceptos, sus mandatos familiares y un millón de cosas más!

Los fracasos matrimoniales están plagados de malas experiencias sexuales, insatisfacciones y abusos. Así que cuando comenzamos una nueva relación, es necesario dedicarle mucho tiempo a conocer poco a poco cómo fue la experiencia de mi pareja en el área sexual.

Y decimos poco a poco porque puede ser que alguno de los dos no quiera saber muchos detalles íntimos de la otra persona, o quizá haya experiencias que precisen de bastante tiempo a fin de superarlas para poder compartirlas.

Todos sabemos que nuestra intimidad sexual es un área en la que quedamos totalmente expuestos y vulnerables. El miedo al rechazo es uno de los peores enemigos del sexo. Por eso es que necesitamos dedicarle tiempo, paciencia y mucho diálogo, de modo que logremos sanarnos, liberarnos, y así poder disfrutar de nuestra intimidad.

Muchas veces vamos a llegar a puntos difíciles de entender o comprender en la vida de nuestra pareja. Es posible que hagamos todo el esfuerzo por dialogar, consultemos a alguna autoridad espiritual que tengamos en común, oremos, y aun así sigamos sin entendernos.

En estos casos debemos saber que el consejo de un sexólogo, un terapeuta especializado, es de mucha ayuda. No negamos que la ayuda espiritual es una buena opción, pero dudo mucho que consultemos al pastor para averiguar qué tipo de implante dental nos recomienda, a no ser que el pastor también sea dentista.

Nuestras dudas o disfunciones en el área sexual son cosas muy privadas que merece ser tratadas con el respeto que les brinda un profesional en la materia.

A esto hay que agregarle un tema muy difícil, pero tristemente conocido. Hay personas en las iglesias que nos sugieren que les contemos nuestros problemas para «ponerlos en oración». Nunca cometamos tamaño error. Hemos estado en reuniones hogareñas en las que una mujer comenzó a contar detalles muy personales de otra «hermana» para que pudiéramos «orar con propiedad».

Los profesionales de la salud tienen la sana costumbre de no comentar en las reuniones caseras los detalles íntimos que les han sido confiados durante las sesiones. Nuestras aéreas lastimadas merecen un trato digno.

Estamos convencidos de que muchos de los que están leyendo este libro han tenido relaciones interpersonales en las que experimentaron abusos. Queremos decirte que lo que te sucedió no es culpa tuya, y mucho menos de la nueva pareja que tienes. Por eso es importante que puedas recibir ayuda a fin de llenar el vacío y sanar el dolor provocados por ese abuso, encontrando de esta manera la energía necesaria para formar y llevar hacia adelante a una familia ensamblada.

Nosotros sabemos de lo que te estamos hablando.

b) La llave de la felicidad

Al comienzo del libro comentábamos que una de las características de las familias ensambladas es que la relación comienza con un público: los hijos.

Para irse de luna de miel, ya hay que planificar con quién dejarlos, tratar de que no se sientan desplazados, buscar que estén bien cuidados, y lograr que la culpa de dejarlos no estropee el escaso tiempo que la pareja va a estar sola, entre muchas otras cosas.

Y al regresar hay que empezar a convivir con pautas claras, pero que no resultan nada claras hasta después de un tiempo.

Durante ese lapso de tiempo, hay un espacio en la casa que es muy requerido: la cama matrimonial. La pareja espera el momento en que termine el día para encontrarse a solas. Sin embargo, los hijos también quieren estar a solas con su papá o mamá biológico en el mismo lugar: la cama. Allí van a buscar mimos, pedir algo o simplemente marcar territorio: «Mi mamá es mía, no tuya», parecieran decir al abrazar hasta el ahogo a su madre.

Sabemos que indicarles a los chicos que hagan otro tipo de actividad en ese momento es interpretado como:

«De acuerdo. Si me echas me voy».

«Si no quieres estar conmigo, dímelo de frente».

«Está bien. Se nota que ahora no te importo más».

Y varias frases más, muy inteligentes e inconscientemente acusadoras que apuntarán a que les digamos que se queden y empecemos a explicar lo inexplicable.

Por eso nosotros hemos descubierto una solución muy práctica y altamente efectiva. Hemos encontrado un objeto que resuelve nuestros problemas. Sus características son:

Peso: Diez gramos

Dimensión: Cinco centímetros.

Color: Bronce.

Poder: ¡Increíble!

¡Nunca pensamos que una LLAVE pudiera ser tan efectiva!

En este momento, todas las parejas de familias ensambladas (y no ensambladas también) detengan la lectura y dirijan su mirada a la puerta de su dormitorio. ¿Hay allí una llave puesta del lado de adentro?

Respuesta: Sí.

¡Muy bien, excelente!

Respuesta: No.

Entonces a buscarla.

¿La encontraron?

Respuesta: Sí.

Perfecto, colóquenla del lado de adentro y fíjense en si anda bien el cerrojo.

Respuesta: No.

Entonces a comprar una cerradura nueva.

¿Tienen puerta?

Respuesta: Sí.

Es un buen comienzo.

Respuesta: No.

Con una cortina no van a lograr buenos resultados

Puede que este diálogo suene un poco ridículo, pero les aseguro que hemos escuchado de varias situaciones parecidas. Cerrar la puerta del dormitorio con llave del lado de adentro parece una tarea sencilla, pero trae resultados muy dignos de experimentar.

Las parejas de familias ensambladas necesitamos tiempo y dialogar, y ese elemento de solo diez gramos puede ser un gran aliado. Cerrar la puerta también nos ayuda a marcar límites. Y los límites son algo fundamental en nuestras familias.

Cuando lo chicos entran al dormitorio por una puerta que está abierta, no piden permiso. El hecho de que la puerta esté abierta indica falta de privacidad. Si la puerta está cerrada sin llave, también van a entrar por costumbre. Sin embargo, si al ver la puerta cerrada, la empujan y no se abre, tendrán que decir las palabras mágicas: «¿Puedo pasar?». Y tendremos el placentero poder de decir *sí* o *no.*

c) Un momento mágico

En el primer punto de este capítulo hablábamos de lo bueno que es dedicarle tiempo y diálogo a compartir nuestra intimidad. No obstante, también se dan casos de parejas que lo único que comparten bien es el área sexual, mientras que el resto de las relaciones familiares resultan complicadas.

No es muy difícil de entender. Cuando se tuvo una experiencia anterior en la que se fracasó o se experimentó la viudez, muchos se plantean que están demasiados dolidos como para una nueva relación, o quizá un poco mayores para conocer a alguien de nuevo.

Entonces surge el momento mágico. ¡Aparece alguien y viene acompañado de estrellas en el aire! Comenzamos a hacernos esas preguntas que hace mucho tiempo no nos rondaban en la mente:

- ¿Me llamará?
- ¿Estará en el cumpleaños de mi hermano?
- ¿Le gustará este vestido?

Si bien uno se enamora a cualquier edad, las expectativas son diferentes a las de un amor adolescente. Uno está esperando más diálogo, compañerismo, momentos alegres, respeto por los proyectos propios.

Y en este marco de recuperar sensaciones que pensábamos que ya habían pasado de largo, se generan parejas con un compromiso basado solamente en lo físico y lo emocional.

Como el enamoramiento produjo un impacto fuerte en sus vidas, consideran que habría que formalizar un poco más la relación, así que se casan o en la mayoría de los casos se juntan. Ahora están viviendo una nueva experiencia liberadora, pero se olvidan de un gran detalle: hay hijos y nuevas pautas de convivencia.

Entonces, por un lado todo está perfecto: se sienten bien juntos, se entienden, se acompañan, se divierten... salvo cuando tienen que tocar temas concernientes a los hijos. Aquí empieza a naufragar la relación. Por eso es que insistimos mucho en conocer los temas que tratamos en este libro. Para que una relación que está madurando y creciendo no se vea frustrada por la falta de conocimiento.

Se puede estar muy enamorado y tener una familia ensamblada. Nosotros seguimos enamorados. Hemos disfrutado de conocer «por primera vez» muchas sensaciones, pero no hemos evitado hablar sobre cada uno de los temas que podrían distanciarnos.

d) La sexualidad en los hijos de una familia ensamblada

Este tema está teñido de muchos mitos y falta de información.

No nos consideramos expertos ni mucho menos. En realidad, recomendamos la lectura del libro *Sexo Sentido* del Lic. Omar Hein (Editorial Vida), el cual puede proporcionarnos mucho conocimiento sobre el tema. Nosotros queremos simplemente hacer notar algunos puntos importantes de esta nueva etapa en los hijos.

Cuando aparece una pareja nueva para el papá o la mamá, el ambiente se llena de hormonas flotantes. Muchas reacciones de los adolescentes son debido a este tipo de sensaciones que no logran definir, dado que no están preparados para «sentirse atraídos por un hermano», aunque sabemos que ese hermano es solo un hermano afín, o sea, un extraño conocido.

También puede suceder que alguna hija de diecisiete años esté acostumbrada a andar por la casa con ropas cómodas y que un hermano afín varón ahora se sienta incomodo, debido a que no los une ningún lazo sanguíneo como para que ella pase inadvertida.

Es bueno que los adultos de cada hogar aconsejen a los integrantes de la familia acerca de cómo sería adecuado vestirse cuando están todos. Y por sobre todas las cosas, resulta indispensable dar el ejemplo.

Aconsejamos que durante un período inicial haya cierto cuidado en cuanto a las expresiones físicas de mucha confianza con la pareja delante de los hijos. Ellos se irán acostumbrando poco a poco a la presencia de otra persona que no es su papá o su mamá junto a su madre o padre biológico.

No olvidemos que para los chicos la convivencia entre todos es similar a la de dos familias que están de vacaciones. Este es un buen parámetro para cuidarnos.

Estando de vacaciones con unos vecinos, no andaríamos en ropa interior por la casa, o envueltos en una toalla, o usando ropa de dormir muy suelta.

Con respecto a los abusos de los padres afines con las hijas de su pareja, es sabido que esto es una cuestión más de límites que de familias ensambladas. Establecer pautas para la vestimenta o el comportamiento en cuanto a lo corporal es de vital importancia para evitar este tipo de abusos.

Cuando existe una relación demasiado corporal entre el padre afín y las niñas de la casa no es un buen síntoma. Yo (Andrés) abrazo a las hijas de Haydée y les hago mimos que seguramente disfrutan, pero soy consciente de que hay límites. Y para saber cuáles son esos límites me pongo en el lugar de Sergio (el padre de las chicas) y me pregunto qué pasaría si yo viera que la nueva pareja de la madre de mis hijas las trata como trato yo a las hijas de Haydée.

Un punto que influye negativamente en los casos de abusos es la falta de roles claros. Sabemos que en una familia ensamblada falta la mamá o el papá biológicos. No obstante, alguien está cumpliendo esa función aunque no lo sea.

Que todos sepan que existe una figura materna y una paterna es algo necesario, porque puede ser que haya visitas de parientes de una u otra minifamilia a la casa y que entonces los límites de la confianza se confundan. Los adultos somos responsables de estar al tanto de quién se encarga de nuestros hijos cuando nosotros no estamos presentes.

A medida que vamos transmitiéndoles estas reglas a los hijos que viven en nuestra casa, deberíamos chequear la posibilidad de mantenerlas en la casa de la madre o el padre biológicos, de modo que los chicos tengan una sola guía en cuanto a sus límites.

CONCLUSIÓN:

Si bien en el área sexual se valora mucho la acción, nosotros consideramos que en el caso de las familias ensambladas debe existir acción más diálogo. Hay tanto que contarse el uno al otro que con el simple contacto físico no alcanza. Existen muchas emociones «nuevas», hijos con las hormonas en revolución, de modo que es necesario mantener bien claros los límites de nuestra intimidad para dedicarnos el tiempo que queramos sin interrupciones.

DESAFÍO:

Sigue estas cuatro pautas sencillas que nos ayudarán en el área sexual.

1. Revisa la cerradura del dormitorio.
2. Enseña a tus hijos a golpear la puerta antes de entrar.
3. Programa con tiempo un fin de semana sin hijos, aunque no vayan a salir.
4. Habla con los adolescentes sobre su forma de vestir en la casa.

CAPÍTULO 12

¿Qué legado vamos a dejar?

—Hijo, te voy dejar dos palabras que abrirán todas las puertas de tu vida.

—Gracias, papá, ¿cuáles son?

—Tire y empuje.

Cuando hablamos de legado, estamos hablando de qué es lo que queremos dejarles a nuestros hijos, qué queremos enseñarles, qué esperamos que ellos incorporen a su formación.

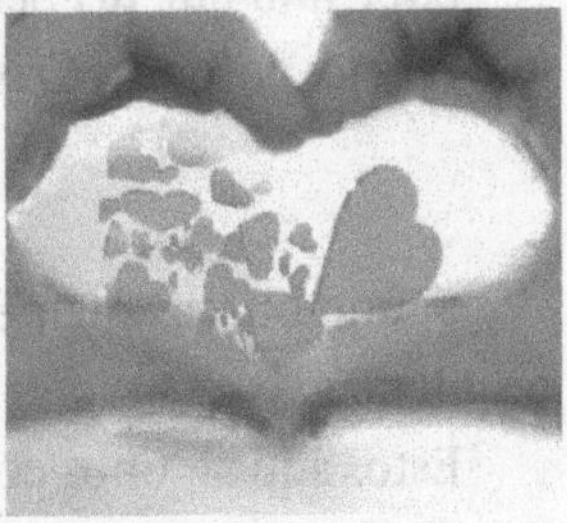

Una vez que decidimos pensar en una nueva relación, lo primero que nos vino a la mente fueron nuestros hijos. ¿Qué van a pensar? ¿Cómo lo van a tomar? ¿Qué tiene de bueno para ellos?

Estas y muchas otras preguntas ocuparon nuestro pensamiento. Ellos fueron en parte los causantes de nuestro deseo de aprender y estudiar el tema de las familias ensambladas. ¿Cuáles eran sus fortalezas y debilidades? ¿Había algo bueno para ellos detrás de todo esto?

Cuando fracasé en mi matrimonio anterior, en la relación con el papá de mis hijas, ya sea cuando aún convivíamos o luego de la separación y el posterior divorcio, la imagen que les dejé a mis hijas sobre el matrimonio no fue positiva. ¿Qué imagen y concepto les quedaron grabados sobre la familia?

Dios nos ama, y nos ama tanto que desea que seamos felices mientras cumplimos *su* sueño aquí en la tierra. Y Dios es un Dios de oportunidades y amor.

El legado que queremos dejarle a nuestros hijos implica cortar con la herencia de las parejas infelices y el divorcio, mostrándoles que se puede tener una relación de pareja sana, que se puede estar casado, que se puede amar a Dios, al cónyuge y a los hijos, ser felices y no morir en el intento. ¡Enseñarles con nuestro ejemplo que hay que trabajar en la relación de pareja, y que mientras uno se esfuerza, se puede disfrutar y ser feliz!

¡Declaramos que ellos tendrán matrimonios sanos, familias sanas, que valorarán una buena relación y se esforzarán trabajando con todas las herramientas que nosotros dos les enseñemos! ¡Que el amor tiene lenguajes y que es posible aprenderlos! ¡Y que en la vida hay límites para establecer, modificar y respetar!

> *Sabiendo que del Señor recibiréis la recompensa de la herencia, porque a Cristo el Señor servís.*
>
> *—Colosenses 3:24*

Si uno busca solamente los problemas en la familia, solo verá problemas.

Estos son algunos consejos sencillos y prácticos para construir familias ensambladas sanas, fuertes y saludables.

a) Volver a apostarle a una imagen de pareja

En este punto queremos detenernos en lo que consideramos un buen consejo dado por muchos profesionales de la materia.

La Dra. Beatriz Golberg habla en su libro *Tuyos, míos, nuestros* sobre la importancia de dedicarle tiempo a la pareja antes de convivir en una familia ensamblada. Las razones son múltiples y valederas. Los hijos de la pareja que se va a unir ya han vivido una crisis familiar con todo lo que ello conlleva. Así que no es justo enfrentarlos a una nueva separación solo por no haber madurado lo suficiente una relación.

De modo que muchos entonces deciden vivir «cama afuera», o sea, mantener una relación personal sin convivir todos juntos. Esta práctica es cada día más común.

Nosotros hemos elegido el camino de la convivencia por varios motivos:

- Le dedicamos mucho tiempo antes de casarnos a conocer nuestras expectativas, costumbres y todo lo relacionado con la convivencia.
- Elegimos compartir el descanso y despertar cada mañana con el ser amado.
- Optamos por vivir una vida compartiendo las experiencias diarias.
- Y como consecuencia, decidimos transmitirles a nuestros hijos que la vida nos da segundas oportunidades, que es posible levantarse de un fracaso y no ser un fracasado.

b) Ver el medio vaso lleno

Podríamos decir que este es un consejo para toda la vida de toda persona. Es cierto. Sin embargo, como muchas cosas de este libro, en el caso de las familias ensambladas se trata de una necesidad.

¿Por qué una necesidad? Recordemos de dónde venimos y hacia donde vamos. De un fracaso a su restauración. Del dolor de una separación a la alegría de una convivencia en paz. Ya vivimos mucho tiempo con el entorno y nosotros mismos sufriendo por el medio vaso vacío. Ahora es tiempo de ver el lado luminoso de la luna. ¿Cómo? Buscando detalles de lo que cualquier integrante de la familia haya hecho bien.

Por ejemplo:

- ¡Qué bueno que hiciste la cama y ordenaste tu habitación!
- ¡Qué lindo es ver la mesa tan bien puesta!
- Gracias por acompañar a mi hija al dentista.
- Valoro mucho que después de que se fueran todos tus amigos haya quedado la cocina impecable.

Es algo tan sencillo y fácil como se muestra en estos ejemplos que hemos dado. Y encima es gratis. No obstante, el efecto que causa en un chico de quince años que uno lo felicite por haber defendido a su hermano afín es muy importante. Así que debemos estar atentos para reconocer cualquier acción positiva en nuestro hogar, sobre todo entre integrantes de diferentes minifamilias, o sea, entre hermanos afines.

c) Salidas cruzadas

En el capítulo 5 vimos qué es una minifamilia. Así que como el objetivo es lograr un buen ensamblaje, nosotros empezamos a organizar salidas en las que Haydée compartía con alguno de mis hijos o yo lo hacía con las hijas de ella.

Este tipo de actividad tiene varias características que ayudan a un buen ensamblaje:

- Se conoce a los hijos tal como son sin su madre o padre biológicos.

Es interesante observar que las personas reaccionan, hablan y se conducen por la vida según sus entornos. Y hay veces en que la madre o el padre biológicos determinan una forma específica de comportarse. De modo que al no estar presentes físicamente, se generan otras reacciones y otros comportamientos que ayudan a conocer de un modo más profundo a las personas.

- Se aportan fotos para el álbum emocional.

También en el capítulo 5 veíamos lo importantes que son las fotos del álbum emocional.

Recuerdo una vez que salí con Haydée y mis hijos a un parque de diversiones de la localidad del Tigre. Debido a problemas de salud, sufro un poco de vértigo y solo me subo a algunos juegos de velocidad y altura. En cierto momento, pasamos por un juego que consistía de tres torres muy altas.

De dos de las torres pendía un cable sujetando una especie de arnés en el que se sostenían hasta tres personas. Quedaban acostadas boca abajo, de forma muy similar a cuando uno se coloca el arnés de un ala delta. Desde la punta de la tercera torre se enrollaba un cable que también estaba atado al arnés en cuestión. Lo que significaba que las tres personas eran elevadas hasta la altura de un edificio de seis pisos, y una vez que llegaban a su posición de péndulo máximo, ese cable se soltaba y caían libremente para describir el arco de una hamaca gigante.

Cuando lo vi, me detuve para ver qué clase de gente suicida se subía a ese juego. No obstante, mi sorpresa fue mayor cuando vi que en la fila estaban mis hijos, Virginia y Lucas, acompañados por Haydée. Jamás pudiera haber vivido esa experiencia con mis hijos, pero ellos siempre se acordarán de haberla vivido en familia. Más tarde, cuando mirábamos el vídeo que grabamos, nos dimos cuenta de lo importante que fue cruzar experiencias.

Recuerdo también la ocasión en que acompañé a Haydée a una reunión, y como ella necesitaba estar sola para charlar con una amiga, me fui a un restaurante de comidas rápidas con Laura y Daniela, las hijas de Haydée, que en ese momento eran dos niñas.

Cuando estábamos comiendo nuestras hamburguesas, de pronto les dije: «Esto que vamos a hacer no se lo cuenten a su madre». Y comencé a llenar un pequeño recipiente con aderezos. Mezclé varios sobres de mayonesa y Ketchup, lo revolvimos con un sorbete y lo usamos para comer las papas fritas. No se trató de una aventura terrible, pero sí fue algo que ellas nunca habían hecho, y hasta el día de hoy lo recordamos.

d) Aspectos positivos de una familia ensamblada

Cuando hablamos de aspectos positivos no estamos comparando a la familia ensamblada con una biológica, sino más bien con una familia monoparental, que es la estructura familiar anterior más habitual.

Con todo, existen varios motivos que apoyan la idea de apostarle a un nuevo matrimonio.

En la pareja ensamblada, uno de los dos ofrece una mirada externa, aporta una visión objetiva del problema. Así que cuando se presentan conflictos entre la madre y sus hijos o el padre y los suyos, la pareja puede ver otro aspecto de tal conflicto desde un punto de vista ajeno a la familia.

Existe la imagen de un compromiso entre dos adultos, a diferencia de en las familias monoparentales o las que viven «cama afuera». Resulta de mucha ayuda para el niño ver cómo se acompañan y ayudan los adultos en esta segunda oportunidad. Esto refuerza la imagen pobre de lo que es un matrimonio que le quedó después de la separación o el divorcio.

Se aprende mediante el diálogo y el respeto que existen otros puntos de vista. La convivencia de las minifamilias nos da la posibilidad de ver cómo otro grupo familiar resuelve o no sus conflictos. Eso amplia nuestra visión de las relaciones interpersonales.

Si después de un tiempo de dedicación al diálogo y la resolución de conflictos se pueden ver resultados, los integrantes de la familia desarrollarán una capacidad de adaptación mayor a los medios hostiles que la de una familia en la que no se han buscado caminos alternativos.

CONCLUSIÓN:

Después de consensuar expectativas y conocerse a fondo, es bueno apostarle a una vida de convivencia. Sabemos que cuesta, pero vale la pena dejarle un legado positivo a nuestros hijos.

DESAFÍO FINAL:

Habla con todas las parejas que puedas acerca de lo que leíste en este libro. El motivo por el que lo escribimos fue ese. Que muchos matrimonios sepan que lo que están viviendo es normal, mejorable y no resulta tan terrible como parece.

Un gran desafío se asume cuando la recompensa es acorde. Y aquí la recompensa es una vida de pareja exitosa para disfrutarla junto a nuestros hijos. ¡No olvides que la luna de miel de los ensamblados es al final!

¡ASÍ QUE NO TE ENSARTES, ENSÁMBLATE!

LIBROS Y RECURSOS DE ESTUDIO UTILIZADOS PARA ENRIQUECERNOS:

- *Familias Ensambladas* – Lic. Bernardo Stamateas.
- *Tus hijos, los míos y nosotros* – Ron L. Deal, Editorial Mundo Hispano.
- *Tuyos, míos, nuestros* – Lic. Beatriz Golberg, Editorial Lumen.
- *Límites* – Dr. Henry Cloud y Dr. John Townsend, Editorial Vida.
- *Rescata tu vida amorosa* – Dr. Henry Cloud y Dr. John Townsend, Editorial Vida.
- *Los cinco lenguajes del amor* – Gary Chapman, Editorial Unilit.
- *¿A quién le haré trampas?* – Andy Stanley, Editorial Unilit.
- *Agorafobia* – Junior Zapata, Editorial Vida.
- *Atrévete* – Lic. Lidia Bequer – Gran Aldea Editores.
- *Sexo Sentido* – Lic. Omar Hein, Editorial Vida.
- *La Biblia*, versión RVR-1960.
- *Comentario al Nuevo Testamento* – William Barclay.
- Curso sobre Familias Ensambladas Siglo XXI – Dra. Dora Davison.

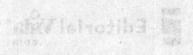

Nos agradaría recibir noticias suyas.
Por favor, envíe sus comentarios sobre este libro
a la dirección que aparece a continuación.
Muchas gracias.

Editorial Vida®
.com

vida@zondervan.com
www.editorialvida.com

Printed in the USA
CPSIA information can be obtained
at www.ICGtesting.com
JSHW030918301223
54326JS00004B/17

9 780829 758009